두 개의 윤리-종교적 소론

Tvende ethisk-religieuse

Smaa-Afhandlinger

Af

H.H.

Kjøbenhavn
Gyldendalske Boghandling
Trykt hos Louis Klein
1849

두 개의 윤리-종교적 소론

쇠렌 키르케고르 지음
이창우 옮김

카리스
아카데미

두 개의 윤리-종교적 소론
2024년 5월 8일 초판 1쇄 발행

지은이 | 쇠렌 키르케고르
옮긴이 | 이창우

발행인 | 이창우
기획편집 | 이창우
표지 디자인 | 이형민
본문 디자인 | 이창우
교정·교열 | 지혜령, 김바울

펴낸곳 | 도서출판 카리스 아카데미
주소 | 세종시 시청대로 20 아마존타워 402호
전화 | 대표 (044)863-1404(한국 키르케고르 연구소)
편집부 | 010-4436-1404
팩스 | (044)863-1405
이메일 | truththeway@naver.com

출판등록 | 2019년 12월 31일 제 569-2019-000052호

책값은 뒤표지에 있습니다.
ISBN 979-11-92348-30-8
ISBN 979-11-92348-01-8 (세트)

역자 서문

"아들러에 관한 책(The Book on Adler)"을 여러 번 수정한 후 따로 보관해 두었던 키르케고르는 1847-48년에 "윤리-종교적 소론의 주기"라는 아이디어를 떠올렸습니다. 이 아이디어에는 출판된 유일한 두 개의 소론을 포함한 다섯 개의 소론이 포함되어 있는데, "아들러에 관한 책"의 원고에서 발췌한 것입니다. 출판된 두 편의 소론 중 첫 번째는 "어떻게 예수 그리스도가 생명을 박탈당할 수 있었을까?"라는 제목을 수정하여 출판한 것입니다. 초고는 이전의 사색과 일기 기록에 힘입어 1847년 8시간만에 작성되었습니다.(Pap. VIII2 B 135)

천재와 사도에 관한 두 번째 소론은 "아들러에 관한 책" 세 번째 판의 부록으로 계획되어 있었습니다.(Pap. VIII2 B 9:17) 키르케고르는 이 작품을 어떻게 출판할 것인지 많은 고민을 했던 것으로 보입니다. 그는 본명으로 출판할 것인지, 가명으로 혹은 익명으로 출판할 것인지 질문했던 것이지요. 원고는 키르케고르의 서른여섯 번째 생일인 1849년 5월 5일에 인쇄업자에게 H.H.라는 가명으로 보내졌습니다(Pap. X1 A 302).

키르케고르는 가명의 사상서와 본명의 강화를 병행하여 출판했는데, 그는 이것을 오른손과 왼손의 두 시리즈로 언급하곤 했습니다. 그는

이 작품을 언급하면서 다음과 같이 썼습니다

"《두 개의 윤리-종교적 소론》은 같은 방식의 저술에 속하지 않는다. 그것은 그 안에 있는 요소가 아니라 관점이다."(Pap. X1 A 351)

지금까지 살펴본 것처럼, 《두 개의 윤리-종교적 소론》은 키르케고르의 가명의 저자 H.H.가 쓴 작품입니다. 이 작품에는 두 개의 논문이 있습니다. 첫 번째 논문은 "인간은 진리를 위해 처형당할 권리가 있는가?"라는 제목으로 되어 있으며, 인간은 과연 진리를 위해 죽을 수 있는지, 이 근본 질문에 대해 대답하고 있습니다. 두 번째 논문은 "천재와 사도의 차이"라는 제목으로 되어 있으며, 이 작품은 '권위'에 대해 논의하고 있습니다.

먼저, 저자가 H.H.인 이유를 키르케고르는 설명하고 있지 않습니다. 또한, 그의 가명의 작품 중에서 유고집으로 출판한 작품은 이 작품 밖에 없는 것으로 알고 있습니다. 키르케고르는 H.H.라는 문자를 선택한 동기를 따로 언급한 적은 없지만 이 단어는 덴마크어로 hine herlige라는 단어와 관련이 있는 것 같습니다. 즉, 이 말은 '영광스러운 사람들'이라는 뜻으로, 순교자를 의미합니다.

만약 이 단어에서 나온 말이 맞다면, H.H.라는 가명의 저자는 진리를 위해 살다 죽은 '순교자'를 의미합니다. 그가 죽은 후에 발견된 유고

집이 되는 것입니다. 키르케고르는 왜 가명의 저자의 작품을 이런 컨셉으로 잡았을까요? 역자 입장에서 보면, 그는 아마도 이 글을 쓰기에 적합한 사람이 아니라고 생각했을 것입니다. 다루고 있는 주제가 순교자가 쓰면 적합한 주제이기 때문입니다.

이 모든 것은 저의 개인적인 의견입니다만, 이미 죽은 이 순교자는 진리를 위해 죽은 자였습니다. 그럼에도 불구하고 이 책의 저자가 주장하고 있는 것은 어떤 사람도 진리를 위해 처형당할 권리가 없다는 것이지요. 이런 점에서 이 작품은 기독교의 본질, 진리에 대한 중요한 논의를 하고 있습니다. 결론적으로, 첫 번째 논문은 오지 예수 그리스도만이 진리를 위해 처형당할 권리를 지닌다고 주장합니다.

두 번째 논문은 "천재와 사도의 차이"에 관한 것으로, 천재의 능력과 사도의 능력을 비교하여 설명합니다. 천재도 능력자이고 사도도 능력자입니다. 하지만 근본적으로 능력에 차이를 지닌다는 것이지요. 천재는 자신의 타고난 능력을 입증해야 할 '입증 책임'을 지닙니다. 그는 자신이 능력자임을 그의 능력으로 증명해야 합니다. 하지만 사도는 어떨까요? 사도는 천재와는 다른 상황에 놓인다고 말합니다. 즉, 사도 역시 어떤 능력을 행하지만, 그가 어떤 의미에서 능력을 행하는지 명확하게 입증하기 어렵다는 겁니다.

예를 들어, 왕과 왕명을 전달하는 특사의 관계를 생각해 볼 수 있습니다. 왕은 특사에게 어떤 명령을 전하라고 그에게 임무를 맡길 수 있습니다. 특사가 왕명을 어느 마을에 전달할 경우, 문제가 발생한다는 것이지요. 마을에 사는 사람들이 정말로 그가 특사인지 먼저 입증하라고 요구한답니다. 물론, 이것이 물리적인 세계인 경우는 입증이 가능할 수 있습니다. 어떤 입증이 가능한 증표를 제시할 수 있다는 것이지요. 하지만 사도인 경우는 어떨까요?

그가 사도라는 것을 입증할 수 없다는 겁니다. 그럼에도 불구하고, 사도란 그리스어 *ἀπόστολος*(apostolos)으로 그 의미가 파견된 자, 특사를 의미합니다. 그는 복음을 전파하기 위해 특별히 '보냄을 받은 자'입니다. 그런데 세상에서는 그가 사도인지 그를 의심하며, 하나님의 명령을 수행하는 그를 조사하기 시작합니다.

이게 왜 문제가 되는 것일까요? 아무도 '왕명'을 행하는 것에는 관심이 없고, 입증의 문제로 빠지게 됩니다. 또한, 왕은 입증이 끝날 때까지 '기다려야 하는' 문제가 남습니다. 그러면 도대체 '권위'는 누구에게 있습니까? 왕에게 '권위'가 있는 것이 아니라, 왕명을 입증하려 하는 '입증자'에게 권위가 있게 됩니다.

따라서 이 작품의 두 번째 논문은 이런 방식으로 천재와 사도의 차이를 논한 후에, 결국 이 속에 깊이 내재되어 있는 '권위'의 문제를 다루고자 하는 것입니다.

지금까지 간단하게 두 개의 소논문에 들어 있는 내용을 간단히 살펴보았습니다. 길지 않은 글이지만, 이 작품은 중요하게 예수 그리스도의 십자가 사건과 사도의 권위의 문제를 다루고 있습니다. 짧은 글이지만, 키르케고르의 이런 생각을 통해 더욱 한국 교회가 바로 서는 데에 도움이 되었으면 좋겠습니다. 또한, 이 책을 읽은 독자분들에게도 주님의 은혜가 충만하기를 축복합니다.

|일러두기|

번역대본으로는 Søren Kierkegaard, *Without Authority,* tr. Howard V. Hong and Edna H. Hong, Princeton: Princeton University Press, 1997을 번역하면서, 덴마크의 키르케고르 연구소에서 제공하는 덴마크어 원문과 주석을 참고하였다. 부언한다면, 만연체의 문장을 단문으로 바꾸었고, 분명하지 않은 지시대명사를 구체적으로 표현했고, 독자들의 이해를 돕기 위해 문장을 추가한 곳도 있다. 가능하면 쉬운 어휘를 선택했다는 점을 밝힌다. 중요 단어는 영어와 덴마크어를 병기하여 의미를 명확히 하고자 했다.

성경구절의 인용은 한글 개역개정판 성경을 사용하였고, 가능하면 성경의 어휘를 사용하여 원문을 번역하였다.

목차

인간이 진리를 위해 처형될 권리를 갖는가?

고독한 한 사람의 유작

하나의 시적 시도

H. H. 지음[2]

서문

　이 서문은, 무엇보다 먼저 자신의 일상적 사고방식의 일부를 버리는 연습을 하라고, 독자에게 주문하는 것에 지나지 않습니다. 그러나 만일 독자가 이것을 받아들이지 않는다면, 여기에 제시된 문제는 독자에게 전혀 쓸모가 없을 것입니다. 이상한 일이지만, 독자는 이미 오래전에 그 문제 풀이를 끝냈음에도, 정반대의 처지에 계속 머물러 있기 때문입니다.[3]

1847년 말

소개

[4]옛날에 한 사람이 있었습니다. 그는 기독교 집안에서 엄격하게 자랐습니다. 일반적으로 아이들이 많이 듣는 아기 예수나 천사와 같은 이야기는 듣지 못했습니다. 반면에 십자가에 달리신 분에 관해 더 자주 들었습니다. 따라서 이 그림이 그가 구세주에 관해 가졌던 유일한 인상이었습니다.

아이였을지라도, 그는 이미 노인처럼 늙었습니다.[5] 이 그림이 평생 그를 따라다녔습니다. 그는 절대 다시 젊어지지 않았으며, 이 그림에서 벗어날 수도 없었습니다. 어떤 사람이 살해당하는 장면을 그렸던 한 예술가가, 양심의 소리 가운데 그 그림을 떠올리는 일을 절대 멈출 수 없어서, 남은 일생을 고통 중에 보내야만 했던 이야기가 전해져 내려옵니다. 다른 경우이긴 하지만, 이 사람도 역시, 생명의 은인이 자신에게 보여준 사랑에 평생 감동받으면서, 자신을 끌어당기는 이 그림에서 단 한 순간도 눈을 뗄 수 없었습니다.

어렸을 때 경건하게 믿었던 것. 세상의 죄가 이 희생을 요구했다는 것.

어렸을 때 단순하게 이해했던 것, 통치자들의 손에 이용당하던 유대인의 사악함[6]이 공포를 일으키는 조건이었다는 것.

그는 이것이 불변한다는 것을 믿었고, 또한 이해했습니다.

하지만 그가 나이를 더 먹어감에 따라, 이 그림은 그를 더욱 강력하게 지배하게 되었습니다. 이 그림이 그에게 무언가를 끊임없이 요구하는 것 같았습니다. 결국 그는 이 그림을 점점 불경스럽게 생각하게 됩니다. 누군가 이 그림을 그리고 색칠해야 할 임무를 맡았기에, 이 그림이 과연 그분(십자가에 달린 분)을 닮았는지 사실 여부와는 관계없이, 저 색칠된 그림은 그저 예술작품으로만 바라봐야 한다고 생각하게 되었습니다. 스스로 그분을 닮은 그림이 되는 대신에 말입니다.[7]

만일 사람이 그분을 닮을 수 있다면, 가능한 범위에서 최대한 그분을 닮고 싶다는, 어떤 설명할 수 없는 힘에 이끌리게 되었습니다. 그의 소망에 어떤 건방진 생각은 아무것도 없었습니다. 십자가에 달리신 분이 하나님이요 거룩하신 분이라는 것을 잊을 정도로 건방지게, 자신을 망각하지 않았으니까요. 자신은 오직 죄인일 뿐이라는 것을, 스스로 너무도 잘 알고 있었습니다. 하지만 같은 이유로 고난당하기 원하는 것, 죽음으로 고난당하기 원하는 것, 그 소망 가운데 건방진 것은 그 어떤 것도 없었습니다.

이런 식으로 은밀하게 그는 이 그림을 돌봤습니다. 누구에게도 이 그림에 관해 말한 적은 없었습니다. 그러나 이 그림은 끊임없이, 점점 더 가까이 그에게 다가오고 있었습니다. 시간이 갈수록, 이 그림이 무언가

내면의 깊은 것까지도 점점 더 요구해 오는 것을 느꼈습니다.[8] 그런데도, 누군가에게 이런 이야기를 하는 것은 불가능한 일이었습니다.

그러나 이것이야말로, 이 문제가 그를 어느 정도까지 내면 깊숙이 사로잡았는지 보여주는 결정적인 증거였습니다. 언젠가는 이 사람이, 그림이 요구한대로 분명히 행할 것이라는 명백한 증거였습니다. 행동하기 위한 역량과 침묵은 서로 완벽하게 일치합니다. 사람이 행동하기 위한 역량을 얼마나 가졌는지 가늠할 수 있는 척도(measure)가 바로, 침묵입니다. 침묵하는 자보다, 행동하기 위한 더 많은 역량을 가진 자는 없습니다. 행동한다는 것은, 그것을 단순히 말하는 자보다 침묵하는 자가 훨씬 큰 역량을 갖는다는 것을 누구라도 잘 안다.

따라서 사람이 스스로 확신한다면, 무언가를 할 수 있고 또한 하기로 결심했다면, 더 이상 말하지 않습니다. 행해야 할 일을 말로 하는 것은, 그가 그 일을 확신하지 못한다는 증거입니다. 가난한 사람에게 돈을, 예를 들어 우리 돈으로 만 원(tusind Rbd)을 주어야 한다고 자신을 쉽게 설득할 수 있는 자, 그는 당연히 이 일을 합니다. 말하는 것에 관해서는 어떤 필요도 느끼지 못합니다. (맞습니다. 그 예가 여기 있습니다) 그는 전혀 말하지 않았습니다.

그러나, 가난한 사람에게 백만 원을 줄 계획이라고 그가 말하는 소리를 듣는다면, 아, 가난한 사람은 확실히 만 원에 만족해야 합니다. 한

편, 겉으로는 침묵하지만 내면에 깊은 슬픔을 간직한 사람, 이 사람은 불행하게 끝난 연애로 인해 평생 그 일에 관해 말하지 않습니다. 그러나 만일, 첫 번째 고통의 순간이 찾아올 때, 자살하겠다고 말하는 어떤 사람의 이야기를 듣는다면, 당신은 그저 조용히 남아 있어도 됩니다. 왜냐하면 이 사람은 생각을 입 밖으로 꺼냈으니까요. 이 사람은 절대 자살하지 않을 것입니다. 그저 한번 지나가는 실없는 생각일 뿐입니다.

어떤 일을 할 의지가 있고, 또한 자기 능력으로 해 낼 수 있다는 내면의 확신만이, 다른 모든 잡담과 달리, 사람에게 만족을 줍니다. 이러한 내면의 확신이 없는 것들만 오직 잡담의 주제가 됩니다. 사람은 진실하게 품고 있는 감정에 관해서는 절대 발설하지 않습니다. 자신이 품고 있지 않은 감정만 그저 잡담으로 흘려 보냅니다. 혹은 품고 있는 감정이 마음에서 사라질 정도까지만 쓸데없이 지껄입니다.

법칙은 아주 단순합니다. 악과 관련한 법칙은 바로 이것입니다: 당신이 소중히 여기는 누군가, 어떤 끔찍한 생각을, 그것도 은밀하게 품고 있단 의심이 든다면, 그 사람이 그것을 말하도록 유도해 보십시오. 되도록 그것이 사소한 것이라는 생각을 심어주면서, 그에게서 그 생각이 빠져 나올 수 있도록 유인하면서 말입니다. 대화의 순간에서조차, 어떤 확신의 열정(pathos)이 없도록 말입니다.

당신이 이제 막, 어떤 끔찍한 생각으로 둘러싸인 상황이라면, 그것을 다른 사람에게 말해보십시오. 확신의 열정이 가득한 형태로 말입니다. 그러나 만일 당신이 이것을 농담으로 말한다면, 이 농담이야말로 당신을 둘러싼 은폐에 오히려 교활한 도구가 될 수 있습니다. 따라서 이 은폐는 더욱 악화합니다.

이 법칙은 선과 관련해도 똑같습니다. 만일 당신의 결심이 정직하고 진지하다면, 다른 사람에게는 단 한마디 말도 하지 말아야 합니다. 이 모든 것을 실제로 말할 필요도 없을뿐더러, 말해서 누군가의 도움을 받을 필요도 없습니다. 왜냐하면 진실로 결심한 자는 eo ipso[그 사실에 의해] 침묵하기 때문입니다. 결심하는 것과 침묵하는 것은 별개가 아닙니다. 결심하는 것이란 곧 침묵하는 것입니다. 있는 모습 그대로, 자신이 이야기의 대상이니까요.

그림을 마음에 품은 자 이야기로 돌아갑시다. 이 사람은 계속 살았습니다. 하나님과 함께 이 그림을 돌봤을 뿐입니다. 하지만 자기 자신을 이해하지 못했습니다. 그런데도, 어떤 의지(willingness)나 πλεροφορια(확신, conviction)은 부족하지 않았습니다. 오히려, 자신이 그림처럼 되어야 한다는, 저항할 수 없을만큼 강한 충동을 점점 느꼈습니다. 해가 가면서, 어느 순간, 이 사람의 영혼 가운데 의심이 깨어났습니다. 의심할 때, 자기 자신을 이해하지 못했습니다: [9]과연 사람이 진리를 위해 처형될 권리를 가질 수 있는 것인지.

그는 매일 아침부터 밤늦게까지 고민했습니다. 그가 한 수많은 생각이, 바로 이 작은 소론입니다.

A

1. 예수 그리스도의 죽음과 희생의 교리는, 기독교라는 종교가 탄생한 이후로도 수 세기 동안 수십만 내지는 수백만, 혹은 그 이상 되는 사람에게 계속해서 관심과 성찰의 주제가 되었습니다. 이 수많은 사람의 문제는 그렇다 치고, 오직 나, 곧 나의 영혼은 믿음 안에서 온전한 쉼을 얻습니다. 믿음을 통해 나 자신을 온전히 이해합니다. 오직 단 하나의 의심만이, 그것도 겨우 잠깐, 나를 괴롭혔을 뿐입니다. 어떤 의심하는 자가 이것을 진술하는 것을 본 적도 없고, 어떤 믿는 자 중 단 한 명이라도 아직 대답한 적도 없는 어떤 의심입니다. 이 의심은 다음과 같았습니다.

   "나는 진실로 이것을 이해할 수 있습니다. 사람을 사랑하시는 분, 그분은 이 사랑으로 자기 생명을 기꺼이 희생하실 수 있습니다. **하지만 나는 이것을 이해할 수 없습니다. 사람을 사랑하시는 분, 그분이 사람들로 하여금 당신을 처형하는 죄를 범하게 하는 것입니다.** 이런 일이 일어나도록 허락하는 것입니다. 그러나 사람을 사랑한다면, 그런 일이 일어나지 않도록 사랑으로 막았어야 했던 것처럼 보입니다."

   하지만 지금의 나는 이런 의심을 제거하는 일에 성공했습니다. 여기에서 그 방법을 논할 것입니다. 왜냐하면 내 질문에 대한 답변과 밀접한 관련이 있기 때문입니다.

2. **철학자들**이 그리스도의 죽음과 희생을 말하는 것은 숙고할 만한 가치가 없습니다. 철학자들은 자기들이 말하는 것이 무엇인지조차 알지 못합니다. 그러나, 나는 이것을 압니다. 그들은 알지 못하는 것을 말합니다. 게다가, 자신들이 무엇을 하는지도 모릅니다.[10]

3. **신학자**(dogmatician)들에게 이것은 또 다른 문제입니다. 그들은 믿음에서 출발합니다. 이런 점에 있어서는 잘하고 있습니다. 그렇지 않다면, 허공에서 철학 하는 것 말고, 무엇이든 이야기하거나 깊이 생각할 만한 것은 아무것도 없었을 것입니다. 그들은 하나님의 의와 인간의 죄가 어떻게 만나는지를 이해하기 위해 노력했습니다.[11] 바로 속죄의 신비입니다. 그런데도 이것을 말할 수 있는 모든 것은, 나의 이 모든 의심에 대답할 수 있는 어떤 것도 포함하지 않습니다. [12]교리학(dogmatics)은 이런 역사적 사실의 기원 혹은 이 일이 갖는 영원한 의미를 심사숙고하는 어떤 요소와 관련해서도 반대 관점을 표명하지 않습니다.

4. 그러나 교리(dogma)로서 예수 그리스도의 죽음과 희생은 역사적 사건입니다. 따라서 어떻게 그런 일이 일어났으며, 도대체 어떻게 그리스도가

십자가에 못 박힐 수 있었을까?라고 질문할 수 있습니다. 여기에서 **신학**(theology)은 유대인의 악 때문이라고 답변할 수 있습니다. 그들이 저지른 일이 아무리 하나님에 대한 반역이었고, 그래서 더욱 죄인들에게 책임을 물어야 하는 것일지라도, 더 깊은 의미에서 볼 때, 이것은 하나님의 목적에 봉사하기 위해 마음먹고 한 일이었습니다. 게다가, 종종 잊히고 있는 것이 있었습니다. 육신으로 오신 그리스도께서, 주님의 자유로운 의지에 따라 내린 결정에 봉사하기 위한 일이었습니다. 이런 점에서 보자면, 인류가 이 역사를 해명하고 현재화하기 위해 실제로 이루어낸 일보다 더 많은 점을 관찰할 수 있을 것입니다. 영원한 것, 그 속에 있는 신성(divinity)은 끊임없이 현존하고 있으니 말입니다.

확실히 말해, 믿는 자는 누구나 이런 일을 할 수 있습니다. 그러나 적절히 말해, 믿는 자는 이것을 하기를 꺼립니다. 왜냐하면 거룩하신 분께서 돌아가신 사건은, 전혀 다른 의미를 지니기 때문입니다. 그리하여 이런 식으로 이 문제에 사로잡히는 것을 꺼립니다. 다만 믿을 뿐입니다. 믿어야 하기 때문이지요. 이 사실이 무의미하게 표현될 때, **그가 이해할 수 있기보다, 오히려 믿어야 하기 때문입니다.**[13] 반면, 일반적인 관찰을 함으로써 스스로 세상에서 중요한 자가 되려는 허영심(vain itch)을 지닌 자는, 믿는 것이 불가능합니다.

a. 예를 들어, 다음과 같이 물을 수 있습니다. 그리스도께서 십자가에 달리는 것이 어떻게 가능했습니까? "절대자이신 그분이 인간 삶의 상대성을 폭파해야 했음을 인류에게 나타내기 위해서"라고 대답하기 위해 노력할 수도 있습니다. 대답하는 자들은 인간에 불과하니까요. 그때 고대 그리스 사고의 관점에서,[14] **고난당하는 인성의 관점**에서, 그분의 죽음이란 일종의 끔찍한 자기방어입니다. 고난당하는 인성은 그분을 견딜 수 없습니다. 그러나 이 대답 또한 요점을 놓쳤습니다. 경솔했고, 불경스럽습니다. 인간 삶의 상대성이 죄라는 사실을 억누른다면 말입니다.

b. 다음과 같이 물을 수도 있습니다. 그리스도께서 처형되는 것이 어떻게 가능합니까? 그분은 아무것도, 자신을 위한 것은 아무것도 구하지 않았는데 말입니다.[15]

   그러나 이 질문의 대답은, 바로 그런 이유로 그분이 처형되었다는 것입니다. 그분이 자신을 위해서는 아무것도 구하지 않았기 때문입니다. 이것 때문에, 비천한 자들도 고귀한 자들만큼이나 그분께 분개했습니다. 각자 유익을 구하고 있었고, 자기 사랑(self-love)에 있어서 주님께서 자기들에게 참여하기를 바랐으니까요.

   그분은 사랑이시므로, 십자가에 달리신 것입니다. 혹은 자신을 사랑하는 것을 거부했기 때문에 더욱 인간에 대한 그 사랑을 발전시켰던 것입니다. 따라서 그분은 고귀한 자뿐만 아니라 비천한 자들에게까지 실족(Anstød)[16]이 될 수밖에 없었습니다. 그런 식으로 실족의 대상이 되도록 몸소 삶을 산 것입니다. 그분이 어떤 당파에도 속하기를 거부했기 때문이기도 합니다. 그분은 있는 모습 그대로 진리가 되기를 원했을 뿐입니다. 진리의 사랑 안에서 그렇게 되기를 원했습니다.

권력자는 그분을 미워했습니다. 사람들이 그분을 왕으로 세우기를 원했기 때문입니다.[17] 그러나 사람들 또한 그분을 미워했습니다. 그분께서 왕이 되기를 거부했기 때문입니다.

c. [18]이런 역사적 사건을 밝히기 위해, 그분이 처음에는 마치 왕권을 원했던 것처럼 보였던 일이, 그분을 십자가에 매달도록 어떻게 이끄는지를 특별히 보여줄 수 있습니다.[19] 삶의 상황 가운데 열정이 있는데, 열정에 불을 붙이려면 바람(draft)이 거기에 있어야 합니다. 그러나 여기에서 바람은 이중의 운동인데, 말하자면, 공기 중에 일어나는 두 기류의 교차입니다.

유대인들은 모든 관심을 그분께 집중시켰습니다. 그분을 왕으로 세우기를 원했습니다. 겉으로 보기에, 처음에는 대중이 원하는 방향으로 그분께서 잠깐 따라가시는 듯했습니다.[20] 하지만 이내 그것은, 대중을 격분하게 만드는 가시가 되고 말았던 것이 분명합니다. 그분이 대중의 요구를 거절했을 때, 극도의 증오는 피에 굶주린 광기를 만들고 맙니다.

그분은 동시대인에게 매우 중요한 인물이었습니다. 자기들이 그분에게 기대했던 모습을 보는 것 외에는, 그들은 그 어떤 것도 원하지 않았습니다. 그분께 그렇게 되라고 강권했고, 그 역할을 감당하도록 강요했습니다. 하지만 그분은 거부했습니다!

유대인들이 바라고 기대했던 메시아, 바로 그 분이었습니다. 그러나 결국, 유대인들이 그리스도를 십자가에 매달았습니다. 다시 말해, 대중이 기대했던 분이었기 때문에, 십자가에 달린 것입니다. 동시대 사람들에게 무시당할 만한 어떤 작은 문제점 하나도 없을 만큼 완벽했고 또 가장 중요했던 인물입니다. 아니, 오히려 여기에는 "이것이냐/저것이냐?"의 문제가 있었고, "사랑하느냐 혹은 미워하느냐"의 문제가 있었습니다.[21]

그분이야말로 자기들이 바라 마지않던 분이라는 생각에 온전히 사로잡혀 있던 유대인들은, 자기들이 그분에게 보낸 저 모든 영광을 그분이 받지 않는다는 생각이 들자, 도저히 참을 수 없었습니다. 다시 말해, "기대한 분"이 무엇을 의미하는 것인지에 관한, 서로 다른 두 가지 개념 사이에 일어난 "세계 충돌(world-conflict)"이었던 것입니다. 바로, '순간'과 '영원'입니다.

추상적으로(in abstracto) 말해, 모든 사람이 그리스도를 기대했습니다. 그분은 또한 영원히 그렇습니다. 그러나 이제 여기에서 충돌이 나타납니다. 자기중심적이며 자만심이 많은 사람들은 스스로 사랑하는 일을 돕기 위해 그분을 이용하고 싶어 합니다. 곧, 그리스도는 "내가 기대한 분(den Forventede)"[22]이 되어야 합니다. 하지만 그리스도는 순간에 의해 나타나야 합니다. 잠깐은 굴복한 것처럼 보이게 하나, 그것을 통해 그분은 사람들의 생각을 밖으로 꺼내어 폭로합니다. 그분이 기대한 분이었다는 사실은 영원이 이해하는 범주에 있었다는 것이 점점 더 명확해집니다.

동시대 사람들은 오류 가운데 있었고, 자기들의 오류에 스스로 격분했습니다. 그분을 잘못 판단한 것으로 격분했습니다. 자기들이 누군가를 왕으로 세우려 했던 것에 격분했습니다. 기대를 받았던 자가 그것을 거부했으니까요. 그분이 얼마나 필요한 존재인지를 스스로 인정했다는 사실에 격분했습니다. 동시대인들은 그리스도가 거대하고 오만한 자존심 덩어리였다고 틀림없이 생각했을 것입니다.

따라서 불경한 오류에 빠져 있었던 수많은 사람에게, "나의 하나님, 나의 하나님, 어찌하여 나를 버리셨나이까?"[23]라는 말씀은 틀림없이 그리스도가 정당한 천벌(justified nemesis)을 받는 것처럼 들렸을 것입니다. 하지만 이 모든 것은 유대인들의 죄의 일부분이고 그것을 불경한 것으로 밝히 드러냈을 뿐입니다. 그들이 그리스도께 집중했기에, 일반적인 오해에 관련한 어떤 문제도 있을 수 없었습니다.

반대로, 그들은 그분을 존경했고, 그분께 집중하기를 원했고, 그분을 자랑스러워했습니다. 여태껏 만난 다른 모든 사람은 유대인들이 무시하기에 충분했습니다. 그분이 가진 능력으로 우리의 갈망을 채우는 데에 봉사만 해 준다면야 더 말해 무엇하겠습니까. 다시 말해? 그들은 그분의 무한한 우월성을 이해하고도 남았습니다.

하지만 그들은 그분께 굴복하지 않았습니다. "기대한 분"과 관련한 진리가 무엇인지 그분께 배우려 하지 않았습니다. 그분의 능력을 갈망하며, 그분이 자기들을 섬겨주기를 바랐습니다. 자기들의 욕망에 그분이 굴복하기를 바랐습니다. 그분을 우상화하기 위한 욕망입니다. 다른 의미에서, 이 우상화는 결국 자기 우상화(self-idolization)였습니다. 무한한 능력을 갈망하는 그들의 욕구를 이 우상만 만족시켜 줄 수 있기 때문입니다. 그분은 그 욕구의 발명품이 되었습니다.

다시 말해, 유대인들은 조상들에게 충분한 선행 조건을 받았습니다. 그분을 이해하기를 원하기만 했다면, 그들에게 이해력은 충분히 있었습니다. 하지만 그들은 이해하기를 **거부했습니다.** 시대가 이해할 수 없었고 도저히 받아들일 수 없었던 어떤 사람을, 동시대인 모두가 미친 사람으로 여기며 모욕하고 핍박할 때가 인류 역사에 종종 있었습니다. 한 예로, 콜럼버스가 있습니다.[24] 콜럼버스가 아무리 좋은 의도를 품었다 해도 당시의 사고 수준으로는 유럽 말고도 다른 대륙이 또 있다는 것을 상상할 수도 없었기에, 다른 사람들은 그 제안을 도저히 받아들일 수 없어서 콜럼버스를 심하게 모욕하기까지 했습니다.

하지만 동시대인들이 거대한 우월성을 이해하고 그 사람에게 푹 빠지긴 하지만, 그분을 따르고 배우려 하기는커녕 오히려 뻔뻔하게도 자기들이 원하는 존재로 만들려 하는 것은, 또 전혀 다른 문제입니다. (아무리 아부하는 말로 해 보더라도 이것은 그런 문제입니다)

d. 이런 역사적 사건을 밝히기 위해, 유대인들이 그리스도께 반역하도록 선동하는 데, 당시의 역사적 상황이 어떻게 이바지했는지를, 여기에서 지극히 인간적인 언어로 말해줄 수 있습니다. 국가나 종교적으로 우월하다고 생각하여 교만한 사람들, 이런 사람들이 다른 이들의 종이 되어 모든 경멸을 당하고[25]신음할 때, 교만이 광기가 됩니다. 가장 광적인 교만이란, 우상화와 절망 사이를 오가는 절망입니다.[26]

나라는 망해가고 있었습니다. 모든 사람은 조국의 운명을 걱정하는 일에 사로잡혀 있었습니다. 모든 상황은 극한에 내몰렸습니다. 지금 그분, 그들을 도울 수 있는 유일한 분, 그들이 왕으로 세우고 싶어했던 분, 모든 희망을 가지셨던 분, 잠깐이라도 오해가 멈출 수 있도록 기반을 마련해 준 것 같던 분!

이제 표현해야 하는 순간, 저 두려운 결단과 함께 표현해야 하는 순간에, 그분은 정치와는 아무런 관련이 없습니다. 그분의 나라는 이 세상에 속해 있지 않습니다![27] 인간적으로 말해, 사람들의 눈이 멀었던 것이긴 하지만, 이것을 국가에 대한 가장 끔찍한 반역으로 여긴 것이 틀림없습니다.

가장 두드러진 차이, 가장 공격적인 차이를 그리스도께서 선택한 것처럼 보였습니다. 영원한 하나님 나라를 효과적으로 증언하기 위해서 말입니다. 하나님 나라는 이 땅에 존재하는 나라와는 분명히 다릅니다. 이 땅에서 겪는 고통과 국가의 존속 위기, 하나님께 선택받은 백성의 생존이 위태로울 때, 곧 사느냐 죽느냐의 문제일 때,[28] 인간적인 관점에서 이 문제야말로 가장 심각하게 고려해야 할 것처럼 보입니다. 이 차이가 조금 갈라진 틈에 불과할 수 없습니다.

평화로운 시대와 행복한 땅에서, 영원한 나라와 이 땅의 차이는 그렇게 크지 않아 보입니다. 부자에게 "먼저 하나님의 나라를 구하라"[29]고 말하는 것은, 굶주린 자에게 "먼저 하나님의 나라를 구하라"고 말하는 이 거칠고 충격적인 말과 비교한다면, 참으로 온화한 말입니다. 따라서 그분의 결정은 인간적으로 동시대인들을 향한 반역과 같습니다.

빌라도가 애매하게 다시 빈정댈 때, 이것이 그토록 공격적인 이유입니다: 십자가에 "유대인의 왕"이라는 글씨를 새겨놓은 것이지요. 아, 교만 중에 절망했던 백성들이 그토록 소원했던, 바로 그 왕이 아닌가요? 그분은 그렇게 될 수도 있었습니다. 하지만 조롱은 그분, 바로 십자가에 달린 그분을 이중으로 겨냥했습니다. 그를 "왕"이라고 부르면서 말입니다. 그분을 "유대인의 왕"[30]이라고 부를 때, 유대인의 나라가 얼마나 비참하고 나약한지를 보여주는 것 같았습니다.

e. 이 역사적 사건을 밝히기 위해, 전체 일이 발생한 3년 동안의 상황들이 그리스도의 죽음을 자극하는 데 얼마나 이바지했는지를, 인간의 언어로 표현해 보일 수도 있습니다. 그리스도를 왕으로 세우겠다는 소망, 이 특이한 첫 감동이 얼마나 급했던지, 그 세대는 정반대로 극단적인 일, 즉, 그분을 죽이는 일로 돌진했습니다. 다시 말해, 특이한 일을 위한 "직접적 표현"으로부터 특이한 일의 반대 표현을 향해 그 세대가 돌진한 것입니다.

그러나 그때, 어떤 의미에서는 동시대인들에게 시간이 너무 부족하게 할당되었기에, 결과적으로 지나치게 흥분하면서도 혼돈된 상태에 빠지게 되었습니다. 인간적으로 말해, 동시대인들이 잠시나마 숨 돌릴 만큼의 시간이 부족했습니다. 이 땅에서 기대했던 분이라는 "오해(misunderstanding)"와, 그분이 영(Spirit)과 진리(Truth)였다[31]는 "이해 (understanding)" 사이의 틈 때문입니다.

그리스도께서 진리가 아니었더라면, 결과적으로 동시대인들에게 관대할 수 있었다면, 착각이 아주 약간만이라도 도움을 주어 그들을 진정시킬 수 있었다면, 적당한 거리를 두고 그들에게서 물러날 수 있었다면, 3년 동안 집중하기보다 그분의 삶을 최소 10년 동안으로 늘렸더라면(그분이 사람이었다면, 다른 이유로 그렇게 하도록 강요받았을 것입니다), 그분은 죽임을 당하지 않았을 것입니다.

그러나 매일의 복된 날에 이 신적 현존과 마주한다는 이 끔찍한 긴장 속에서, 고귀(elevation)로부터 굴욕(abasement)에 이르는 양극단의 인간적 차이를, 저토록이나 짧은 시간 동안 경험해야 하는 이 끔찍한 긴장 속에서, 계속된 3년 동안 잠시라도 쉴 수 없는 가장 팽팽한 긴장 상태에 항상 처해야만 했던 이 끔찍한 긴장 속에서, 이 세대는 마치 정신이 나간 것처럼 "십자가에 못 박아라, 십자가에 못 박아라!" 소리 지르고 있습니다.[32]

f. 하지만 이런 고찰이 다 무슨 소용이 있습니까? 오히려 이런 고찰로 인해 나의 관심은 중요한 문제로부터 멀어질 뿐입니다. 그분이 스스로 하나님이라고 선포한 문제 말입니다.[33] 이 문제 하나로 충분합니다. 어디에서든 마찬가지로, 여기에서도 이것이냐 저것이냐 하는 문제는, 언제까지나 유효하고 또한 절대적으로 중요합니다. 곧, 그분께 예배하며 무릎 꿇

든가, 그분을 죽이는 데 참여하든가, 혹은 인간성을 상실한 악마가 되든가. 사람이 자칭 하나님이라고 말할 때, 어떤 자들은 분개조차 할 수 없습니다.

그러나 이 모든 것에도 불구하고 나는 아직 의심을 품지 못했습니다.

5. 나의 의심은 다음과 같습니다. 어떻게 하면, 사랑하는 자(Loving One)가 사람들이 자기를 죽이도록 만들고, 그들의 양심에 죄책감을 느끼게 할 만큼, 이 어찌 대담할 수 있습니까? 사랑하는 자로서, 무슨 일을 해서라도 그런 일은 막아야 하지 않았을까요? 그때 오히려, 그분께서 약간이라도 양보해야 하지 않았을까요? 만일 그랬더라면, 그분은 어느 때라도 아주 쉽게 사람들을 얻었을 텐데 말입니다.

어떤 혼란에 빠진 사람은 다른 사람들과 싸울 때 자신이 더 강하다고 여깁니다. 진정 더 강합니다. 따라서 그는 상대방에 관해서는 전혀 생각하지 않고 다만 자신만 방어할 뿐입니다. 나는 이것을 그렇게 이해하고 있습니다.

그러나 아주 단순한 **사람조차도** 진리가 자기편에 있음을 의식하고 있다면, 그는 그 정도로 십만, 백만 혹은 그 이상의 사람보다 더 강하다고 느끼는 것이 틀림없습니다. 그때 그는 사람들과 단지 비유적으로만 싸웁니다. 사람들이 그를 향해 모든 반대를 하는 것은, 다만 그를 슬프게 하는 것에 불과합니다. 그러한 일로 인해 그를 특별히 사로잡고 있는 것은 사람들에 관한 걱정입니다. 그리하여 어떤 것이 사람들에게 최선의 유익이 될지 를 고민하면서, 사랑스럽게도, 그는 백방으로 돌봅니다.

그분, 영원한 강자(Eternal Strong One)이신 분께, 인간의 모든 반대와 공격이 무엇을 의미합니까? 그분은 단 한 순간만이라도 자기 자신만 걱정할 수 있습니까? 틀림없이, 그분은 오직 사람들만 걱정하지 않았을까요? 그분은 사랑하는 분(Loving One)이니까 말입니다.

사랑이 하는 이런 걱정에서 한 요소는 다음과 같은 것임이 틀림없습니다: 이 사랑이 그들에게 너무 가혹하든가, 혹은 그분을 처형하게 만드는 저 두려운 극단적 결과를 모면하게 해 주든가.

6. 하지만 나는 믿음을 간직하는 데 아무런 어려움을 느끼지 않습니다. 그분은 사랑하는 분(Loving One)일 뿐만 아니라, 진리(Truth)입니다. 그분, 거룩하신 분(Holy One)께 세상은 악하고, 죄 많고, 따라서 불경합니다. 여기에서, 진리이신 그분 없이는 어떤 양보라도 영원히 불가능합니다. 게다가, 그분의 죽음은 속죄(Atonement)입니다. 결과적으로 그분을 십자가에 못 박은 죄까지도 속죄하셨습니다. 그분의 죽음은 소급하는 힘(retroactive power)을 갖고 있습니다. 그렇습니다. 어떤 의미에서, 죄 없는

분을 죽이는 일에 관해 저 유대인들만큼이나 쉽게 그 책임에서 해방된 사람도 없다고 말할 수 있습니다.

오, 영원한 사랑이여, 그분의 죽음은 당신의 죽음을 위한 속죄입니다! 결과적으로, 그분은 어떤 특별한 개인이 아니었습니다. 그분은 스스로 인류 전체와 관계합니다. 그분의 죽음은 모든 사람을 위한 속죄입니다. 여기에서 인류의 범주가 그분과 유대인들 사이에 갑자기 끼어듭니다.

이것이 내가 이것을 이해한 방식입니다. 이것은 내가 믿으면서 나 자신을 이해한 방식이기도 합니다. 여기에 어떤 충돌이 상당히 존재합니다. 이것은 틀림없이 그분의 영혼이 겪는 고난의 한 부분이었을 것입니다. 사랑으로, 그분은 속죄의 죽음을 기꺼이 바랍니다. 그러나 그분이 죽기 위해서, 동시대의 세대는 살인죄를 범해야 합니다. 그분, 사랑하는 분은 온 마음을 다해, 바로 이것을 막기를 원했어야 했습니다.[34] 그러나 이 일을 막았더라면, 속죄는 불가능한 것이 되고 맙니다.

아, 한 걸음 한 걸음 걸을 때마다, 그분은 삶의 목적에 더 가까이 갑니다. 곧, 죽음의 고난에 더욱 가까워집니다. 한 걸음 한 걸음 걸을 때마다, 이 끔찍한 상황은 더 가까이 다가옵니다. 동시대의 세대는 이런 식으로 죄를 범해야 합니다. 하지만 이 세대가 이전보다 더 큰 죄를 범하지는 않았습니다. 왜냐하면 그분은 진리였으니까요. 하지만 이 세대도 마찬가지로 죄를 범했습니다. 왜냐하면 그분은 진리였으니까요.

이 세대의 죄는 진실로 명확해질 뿐입니다. "너희는 이 갈릴리 사람들이 죄가 더 있는 줄 아느냐?"[35]라는 그리스도의 말씀을 동시대에 적용할 수 있습니다. 동시대가 다른 세대보다 죄가 더 많은 것이 아닙니다. 명확해지는 것은 "인류"의 죄입니다.

그분은 죽음을 원합니다. 하지만 그분은 자기 죽음과 관련해서는 죄가 없습니다. 그분을 처형한 것은 유대인들이었으니까요. 그런데도 그분은 속죄의 죽음 당하기를 원합니다. 그분은 이런 **"의도"**로 세상에 오셨습니다. 그분은 어떤 순간에라도 자기 죽음을 막을 수 있는 능력이 있었습니다. 신적으로도(삼십 군단이나 되는 천사의 도움으로[36]), 인간적으로도 그랬습니다. 왜냐하면 유대인들은 자기들이 기대한 분을, 그분을 통해 보기를 더욱 원했기 때문입니다.

그분은 최후의 순간, 이 가능성을 가졌습니다. 하지만 그분은 진리입니다. 그분은 죽음을 원합니다. 인간적으로 말해, 이것이 하나님을 시험하는 일일지라도,[37] 여기에서는 그런 문제가 아닙니다. 죽기 원하는 그분의 자유로운 결단은 아버지의 뜻과 영원히 일치합니다. 사람이 죽음을 원할 때, 그것은 하나님을 시험하는 것입니다. 왜냐하면 어떤 사람도 감히 하나님과 일치가 될 것을 생각할 수 없기 때문입니다.[38]

7. 이것이 믿음 안에서 나 자신을 이해한 방식입니다. 그분 앞에서 나는 사람으로, 혹은 참새로, 혹은 아무것도 아닌 존재로 예배하며 무릎을 꿇습니다. 내가 하는 일을 잘 알고 있습니다. 내가 어떤 사람 앞에서도 무릎을 꿇은 적이 없다는 것을 압니다. 하지만 나는 믿음 안에서 나 자신을 이해합니다. 나를 모든 지혜와 심오한 사상의 전형(epitome)으로 여기는 작은 소녀가 나에게 다음과 같이 물을 수 있습니다.

"당신은 그것을 **이해할**(comprehend, begribe) 수 있나요? 혹은 그것 중에 몇 가지라도 알 수 있나요? 혹은 그것 중에 아주 작은 부분이라도 깨달을 수 있나요?"

그때 나는 대답할 것입니다.

"아니다, 얘야. 참새 한 마리라도 나는 이해할 수 없다."

"믿는다" 라는 것은 그리스도 안에(i Christo)**39** 있는 신성(the divine)과 인성(the human)을 함께 믿는 것입니다. 그분을 **"안다**(begribe)" 라는 것은 그분의 삶을 인간적으로 아는 것입니다. 그러나 그분의 삶을 **"인간적으로"** 안다고 할 때, 그분을 믿는 것 외에 어떤 방법도 없습니다. 따라서 그분의 삶이 믿음을 위한, **"신적-인간적인 것**(the divine-human)**"**을 위한 것이므로, 부가적으로 믿는 일이 일어나지 않는다면, 그분을 잃어버리는 것을 의미합니다.

나는 **"믿음"** 안에서 **"나 자신"**을 이해할 수 있습니다. 게다가 내가 상대적으로 오해하면서 그분 삶의 인간적인 면을 안다 해도, 나는 믿음 안에서 나 자신을 이해할 수 있습니다. 그러나 믿음을 아는 일, 그리스도를 아는 일은 내가 할 수 없습니다. 반대로, 모든 면에서 그분의 삶을 안다는 것은 가장 절대적인 오해, 가장 신성모독적인 오해라는 것을 나는 이해할 수 있습니다.

보십시오. 이것이 육체적 힘에 달린 문제라면, 그것을 내게 달라고 하나님께 간구했을 텐데 말입니다. 이것이 그런 경우가 아니므로, 알기를 원하는 이 모든 자만심을 궤멸시킬 수 있도록 영적 능력을 달라고 하나님께 간구할 것입니다. (나는 또한 감히 하나님께 약속합니다. 이 힘을 정직한 자에게 위임할 것입니다)내가 서 있는 곳에서, 이 자만심을 붕괴할 수 있는 영적 능력을 무지(ignorance)로 던져버릴, 영적 능력을 달라고 간구합니다.—이것이 예배하는 것입니다.

B

1. 일반적으로 이해할 때, 진리를 위해 자기 삶을 희생한 영광스러운 사람
   들(hine Herlige)[40]에 관해, 목사가 설교합니다. 목사는, 어떤 사람도 교회
   안에서 이와 같은 무언가에 도전하는 사람이 없다고, 일반적으로 가정
   하고 있음이 분명합니다. 청중과 지금까지 맺어온 개인적 친분을 이용
   해, 영적인 충고자의 관점에서 이를 설득하려고 할 때면, 목사는 더욱
   날카롭게 설교합니다. 적절하게 열변을 토하고 또한 땀을 닦습니다.

   목사의 설교를 듣고 마음에 결단한 한 사람이, 다음 날 목사의 사택
   에 찾아옵니다. 그는 그동안 말이 없고 겸손했으며, 별 볼 일 없는 사람
   이었습니다. 목사의 설교에 완전히 심취했던 사람이라고 스스로 소개
   합니다. 그러고는, 앞으로 남은 자기 삶을 진리를 위해 희생하기로 결심
   했다고 말합니다. 그때 무슨 일이 벌어질까요? 아마도 목사는 친절하게,
   다음과 같이 말할 것입니다.

   "원, 세상에, 어떻게 그런 생각을 다 했습니까? 여행을 좀 다녀오시
   지요. 기분 전환을 좀 하시고, 힘든 일은 그만 잊어버리세요."

   그때 이 별 볼 일 없는 사람은 평소에 조용하듯, 겸손히 목사를 바
   라봅니다. 이 눈초리를 목사에게 고정한 채로, 자신의 결단에 관해 계

속 말합니다. 결심한 사람이 항상 그렇듯이, 가장 겸손한 표현으로 말합니다. 그때 목사는 틀림없이 이렇게 생각할 것입니다.

"이런 녀석은 빨리 좀 꺼져버렸으면!"

결심한 사람이 다른 더 유능한 목사를 찾아갔더라면, 아마도 이 결단한 사람에게 진지하게 말했을 것입니다. 자신 앞에 앉아 있는 사람이 어떤 사람인지를 알기 위해 애썼을 것입니다. 그 목사가 그 사람 속에 있는 진리를 발견했다면, 그의 용기를 존경했을 것입니다.

그러나 나는, 내가 평소에 품어왔던 질문은 정작 꺼내지도 못했습니다. 곧, **"사람에게 진리를 위해 처형당할 권리가 있습니까?"**입니다. 물론, **"그렇게 할 수 있는 용기가 내게 있습니까?"**라고 물어도 됩니다. 하지만 **"그렇게 할 권리가 나에게 있습니까?"**라고 묻는 것은 완전히 별개의 문제이지요.

온도계에 영하와 영상의 눈금이 있는 것처럼, 변증법에서도 직행 눈금(direct scale)과 역행 눈금(inverse scale)이 있습니다. 그러나 삶에 관한 사람들의 고찰 속에는, 이런 식으로 역행되어 사용된 변증법은 거의 없거나 혹은 전혀 없습니다. '진짜 질문'에 이르지도 못합니다. 대부분은, 직행적으로 변증법적인 것만을 알 뿐입니다.

나는 방대한 철학 작품을 자주 읽었습니다. 처음부터 끝까지 강의를 듣기도 했습니다. 읽고 강의를 듣는 동안, 그 엄청난 발전을 언제나 이해했다고 생각합니다. 그러나 이따금 나에게 이런 일이 일어났습니다. 곧, 엄청나게 긴 소개였습니다. 그 책의 저자 혹은 강사가 어떻게 끝낼까요? 하지만 어떤 일이 일어났나요? 그 책은 마무리 되었고, 강의는 끝났습니다. 게다가, 그 주제는 완전히 다 설명된 것일 뿐 아니라 철저하기까지 했던 것입니다. 나는 "우리가 이제 막 시작하는구나."라고 생각했는데, 내가 이해했다고 생각했던 것의 눈곱만큼도 이해할 수 없었던 것입니다.

지금 우리 앞에 놓인 이 문제도 마찬가지입니다. 진리를 섬기고자 삶을 희생하는 데 어떤 용기가 필요한지, 사람들은 말합니다. 관련된 모든 위험을 서술하기도 합니다. 대부분의 사람은 이것을 듣고 있노라면 공포에 휩싸인 채 마음이 위축됩니다. 오직 그 사람만, 용기 있는 그 사람만, 그 일로 뛰어듭니다. 마침내 죽음의 위험 속으로 뛰어듭니다. 그는 존경받습니다. 아멘!

바로 여기가 내가 시작하는 곳입니다. 그 사람의 죽음과 함께 시작하는 것은 아닙니다. 그것은 너무 늦습니다. 다만 용기와 관련하여, 모든 것은 적절했고 옳았다는 가정과 함께 시작합니다. 이제 나는 시작합니다: 사람은 진리를 위해 처형당할 권리를 갖습니까?

2. 사람이 진리를 위해 처형당할 때, 그를 죽인 몇몇 사람들이 있어야 합니다. 이것은 아주 명확합니다. 나의 가정, 이것을 잊지 말아야 합니다. 곧, 그가 처형을 당한 것은 실제로 진리를 위한 것이라는 데 있습니다.

어떤 시대에는 이것을 행한 것이 기독교이든 세속 세계이든, 지배 권력일 수 있습니다. 다른 어떤 시대에는 군중이 주체가 될 수도 있습니다. 가끔 법과 선고(law and sentence)로 발생할 수도 있습니다. 그러나 내가 가정한 대로, 이 사람이 처형당한 것이 진리를 위한 것이 확실하다면, 이런 법과 선고는 거의 아무런 도움이 되지 못합니다. 진리 없는 법과 선고가 다 무슨 소용이란 말입니까!

따라서 그를 처형한 사람들은 살인자라는 양심의 가책을 받습니다. 그때 나에게 이것을 행할 권리가 있습니까? 혹은 내가 살인죄를 범하도록 다른 사람들이 만드는, 곧 진리를 위한 권리를 내가 가질 수 있습니까? **진리에 관한 내 의무가 그런 본성을 지녔습니까? 그렇지 않다면, 내 동료라는 이유로, 내가 약간은 양보해야 하는 의무를 갖지는 않나요?** 진리에 관한 내 의무는 얼마나 먼 곳까지 도달해야 하며, 또한 다른 사람에게 갖는 내 의무감은 얼마나 멀리 갈 수 있습니까?

내가 무엇을 말하는지, 아마도 대부분은 이해하지 못합니다. 동시대 사람들을 언급하자면, 사람을 처형하는 권력을 거머쥐는 모험이 얼마나 무모한지 말합니다. 이런 용기를 지닌 '죽은 자'를 존경합니다. 그러나 나는 이것을 전혀 말하지 않습니다. 나는 이런 것이 적절하다고 봅니다. 내가 생각하는 인물이 용기가 부족하다고 생각하지 않습니다.

사람을 처형하는 권력을 거머쥐는 모험, 이것의 무모함을 말하는 것이 아닙니다. 완전히 다른 힘을 말합니다. 이 힘이 처형할 수 있다면, 영원히 처형합니다. 나는 완전히 다른 어떤 힘을 말하고 있습니다. 이 힘을 거머쥐기 위해, 누군가 성급하게 모험할 수 있습니다. 다시 말해, 나는 '**책임**(responsibility)'을 말하고 있습니다.

과연 그렇게까지 멀리 갈 권리가, '**사람**'에게 있습니까? 그 사람이 옳고, 또한 그의 편에 진리가 있다 하더라도, 과연 그에게, 다른 사람이 이런 식으로 죄를 짓게 할 수 있는 권리가 있습니까? 다른 사람에게 이런 형벌을 지울 권리가, 과연 그에게 있느냐는 것이지요.

사람들이 그를 처형함으로 형벌을 주고 있다고 생각하는 그 순간, 그를 처형하는 것은, 사람들이 죄를 짓도록 하는 것이며, 또한 더욱 두려운 방식으로 형벌을 가하는 것입니다. 이를 지켜보는 것은 아주 쉽습니다. 죄 없이 처형당하는 가벼운 고통과, 진리를 위해 고난당하는 죄 없는 자를 처형하는 범죄 사이에는 어떤 연관성도 없습니다.

대부분 사람은 이렇게 생각합니다.

"처형당할 수 있는 용기를 갖는 것, 이것은 강해지는 것이다. 이것은 힘을 갖는 것이다. 그러나 그것을 행하는 자들, 그를 처형하는 자들을 내버려두라. 그들이 무슨 일을 하고 있는지를 생각하도록 내버려두라."

대부분 사람보다 더 깊이 볼 수 있는 자도, 심지어 근본적인 풍자 작가도, 아마 재기 넘치게 다음과 같이 생각합니다.

"내가 처형을 당하든 무슨 상관이란 말인가? 실제로 그것은 그런 범죄를 저지르는 자들하고만 관계할 뿐이다."

내가 이런 것을, 혹은 이런 방식으로 말하는 것이 아닙니다. 완전히 다른 것을 말하고 있습니다. 더 많은 힘을 요구하고 완전히 다른 방식으로 강한 자를 나타낼 수 있는 것입니다. 다시 말해, 처형당할 수 있는 용기와 함께, 저 심오한 아이러니를 파악할 수 있는 평정(ataraxia)[41]과 함께, 처형당할 때, 처형함으로 죄를 지을 수밖에 없는 다른 자들을 **애정 어리게 걱정하는 것입니다.**

처형당할 수 있는 용기와 함께, 두려움과 떨림으로[42] 자신의 책임을 걱정하는 것, 나는 이것을 말하고 있습니다. 다른 사람과 비교하여, 결정적으로 진리가 자기편에 있을 때, 그가 진리를 위해 처형당해야 하는 문제가 있을 때, 결정적으로 그는 우월한 자입니다. 우월성이란 무엇입니까? 우월성이 커질수록 같이 증가하는 책임입니다. 진정으로 우월한 자가 된다는 것은 편안한 것이 아닙니다. 진정으로 그런 존재가 되는 것입니다. 의미하는 바, 그 자체가 되는 것입니다. 우월한 자가 되어 진정으로 자신을 이해하는 것입니다.

그때, 나에게 처형당할 권리가, 진리를 위해 처형당할 권리가 '사람'에게 있습니까?

3. 이런 생각에 사로잡힌 사람은 아마도 거의 없을 것입니다: 진리를 위해 기꺼이 자기 목숨을 희생하는 것. 하지만 이미 말한 것처럼, 이것을 행한 영광스러운 사람들의 이야기를 누구나 가끔은 듣고 읽었을 것입니다. 결과적으로 우리는 과거만 봅니다. 사고방식이 뒤로 향하고 있음을 설명합니다.

이런 일은 아마도 다음과 같이 일어난다고, 일반적으로 가정하는 것 같습니다. 어떤 사람이 대담하고도 용기 있게 어떤 진리를 표현했습니다. 그러나 그 사람은, 자기가 한 말 때문에 죽게 될 것이라고는 거의 생각하지 못했을 것입니다. 그때, 우리는 그 일이 실제로 어떻게 일어났는지 알지 못합니다. 그는 갑자기 거기에 서 있었고, 정죄를 당해 죽게 되었습니다. 그때, 그는 진리를 위해 죽었습니다.

따라서 이 전체는 단지 사건에 불과합니다. 어떤 '책임(responsibility)'과 일치할 만한 것이 없습니다. 진리를 위해 자기를 희생한 것이라고 할 만큼, **자기 죽음에 자발적으로 협력**(voluntary collaboration)한 것도 없습니다. 처형당한 자, 그는 고난당한 자입니다. 하지만 자발적으로 고난당한 자가 아닙니다.

자기가 원해서 고난당한 자는 처음부터 매 순간마다, 또한 단계적으로 기꺼이 고난당하기를 원함으로, 자기의 의지로 따라갑니다. 순간마다 그 일을 막을 수 있는 능력이 있었더라도, 진리에 관한 자기의 기준을 약간만 낮춘다면, 그 능력으로 인해 사람들에게 찬양 받을 수 있었음에도, 고난당하기를 원하면서 자기 의지대로 그 길을 갑니다.

하지만 대다수 사람은 우월성을 전혀 생각하지 않습니다. 자기편에 진리가 머무르게 하기 위해 필요한 우월성이 어떤 것인지 모릅니다. 스스로 결단(self-determination)하므로 자발적으로 고난당하는 자가 어떤 자유를 갖는지를, 전혀 생각하지 않습니다. 자발적으로 고난당하는 자는, 이 자유가 자기를 죽이는 데 협력하게 만듭니다. 다른 사람들이 그를 처형한 양심의 가책을 느끼게 만듭니다. 개인들은 외적인 관계에서 서로 마주 보고 서 있는 상태로 남습니다. 다른 사람들은 그를 처형합니다. 하지만 어떤 사람도 이런 식으로 진리를 위해 희생당한 적이 없습니다.

그가 희생을 당했다면, 또한 다음을 이해했을 것입니다. 희생당하는 것에서 자유와 자기 결단을 떼어낼 수 없고, 책임의 문제에서도 마찬가지이기 때문입니다. 자기 죽음을 막을 수 있는 능력은 자기에게 있고,

다른 사람들이 살인죄를 범하도록 만든 책임이 자기에게 있다는 것을, 결과적으로 이해했을 것입니다.

대부분 사람이 거의 관심갖지 않는 문제에, 나는 가장 관심을 갖습니다. 즉, 내 관심사는 '시작(beginning)'입니다. 나머지는 별로 관심 갖지 않습니다. 특별히 "무슨 일이 일어났는지" 별로 관심 없습니다. 현재 없이는 어떤 것에도 몰두할 수 없습니다. 그래서 다음과 같이 물을 수밖에 없습니다.

"그 사람이 어떻게 시작하게 되었는가?"

나는 항상 '시작부터' 배웁니다. 그가 무엇을 행했고, 그것을 어떻게 했는지를 통해서만 나는 배울 수 있습니다. 시작부터 알아야 합니다. 사람에게 일어난 일을 통해서는, 나는 아무것도 배울 수 없습니다.

용기와 열정을 갖고 있는 만큼, 사고력(reflection) 또한 가진 한 사람을 마음속에 생각해 봅니다. 그 사람은 시작하자마자, 이 일이 어디로 갈지 스스로 명확하게 깨달아야만 합니다. 이 일이 그의 운명이 되어야 한다면? 아니요, 운명이 아닙니다. 이 일은 그렇게 되지 않습니다. 그가 진리를 위해 처형된다면, 오직 자기 선택이었다는 사실에 그는 동의해야 합니다.

스스로 원해서 자기 죽음의 협력자가 되는 일에 동의해야 합니다. 스스로에게 지운 책임을 받아들여야 합니다. 또한 이 책임은 문제 속에 있는 것을 포함합니다. 곧, 자기가 죽는 것에 관해 다른 사람들이 죄를 범하게 만들었던 책임을 포함합니다. 특별히 그의 삶에서 자신에게 다음과 같이 말하는 순간이 와야 합니다.

"내가 진리의 결단(det Sandes Bestemmelse)을 더욱 높이 들어 올리면, 진리가 나를 위해 존재하는 것만큼 들어 올리면, 이것이 나를 죽음에 이르게 할 것입니다. 결국 통치자든 대중이든(내가 관계하는 이 두 권력 중에 어떤 쪽이든) 나를 처형하게 될 것입니다."

여기에 문제가 있습니다: 그에게 이것을 행할 권리가 있습니까? 대다수 사람은 이 문제를 인식하는 데 어려움을 겪을 것입니다. 다시 말해, 동시대 사람들은 이 사람의 고집과 그가 그렇게도 완고하게 주장했던 것을 비난할 것입니다. 죽은 자에 관해, 그들은 그토록 끈기 있게, 그가 주장한 바를 찬양할 것입니다. 나는 여기에서 묻습니다.

"진리를 위해, 사람에게 진리를 위해 처형당할 권리가 있습니까?"

4. "자기 죽음에 대한 책임이 그에게 있습니다." 진리를 위해 목숨을 희생했던 사람에 관해 동시대인도 이렇게 말했던 것입니다. 이것이 명확히

내가 관심을 두고 있는 바입니다. 많은 사람이 처형을 당했습니다. 많은 사람이 교수대에서 스러졌습니다. 하지만 누구도 개인적으로 유죄판결을 받지 않았고 진리를 위해 목숨을 희생하지 못했습니다. 그가 진리를 위해 목숨을 희생했더라도, 가장 고상한 의미에서 그는 결백한 자였습니다.

그러나 "자기 죽음에 대한 책임이 자신에게 있다"라면, 여기에는 어떤 자각이 존재합니다. 그가 다른 사람들에게 어떤 실족(offense, 범죄)을 범하게 했는지에 대한 자각입니다. 나는 묻습니다.

"나에게 이를 행할 만한 권리가 있습니까? 진리를 위해 사람이 이것을 행할 권리가 있습니까? 이것은 다른 사람에게 **잔인한 것** 아닌가요?"

내가 보는 이 문제를 대부분 사람은 보는 데 어려움을 겪습니다. 결백한 자를 처형하는 것이 잔인하다고 말합니다. 그러나 나는 묻습니다.

"처형당한 자, 결백하다고 하는 자, 그가 더 잔인한 것 아닌가요? 사람들이 그를 처형하도록, 처형하게 만드는 지점까지 문제를 끌고 간 그 사람이 더 잔인한 것 아닌가요?"

5. 진리를 위해 희생당할 때, '사람'은 무엇을 이룹니까? 혹은 내 문제와 관련해 언급하자면, 진리를 위해 자기가 처형당하도록, 다른 사람들이 죄

를 범하게 할 때, 그때 자신이 얻는 것은 무엇일까요?

1) 그는 자신에게 충실하며, 진리를 향한 자기 의무를 절대적으로 완수하기 위해 노력합니다.

2) 게다가 결백하게, 자신의 죽음을 통해 다른 사람들의 생각을 일깨우고, 결국에는 진리가 승리할 수 있도록 도울 것입니다. 진리에 관한 사람들의 마음이 더욱 강퍅해질 때, 진리의 증인이 처형되도록 허용하는 것 외에는, 진리에 접근할 수 있는 다른 수단이 없다는 것이 사실입니다. 비진리(Usandheden, 거짓)가 그를 죽이는 순간, 비진리는 자기 자신뿐만 아니라 스스로 행한 일을 두려워하게 되고, 결국 승리를 했음에도 무기력합니다. 더 이상 맞서 싸울 상대가 없으므로 나약해집니다. 비진리에 강함을 허락한 것이, 명확히 비진리 자신의 저항이었기 때문입니다. 비진리가 분명히 패배한 것입니다.

이제 본질적으로, 비진리에 어떤 힘도 없습니다. 이것이 명확해졌습니다. 가장 충격적으로, 가장 아이러니컬하게도, 확실해졌습니다. 곧, 비진리가 패배한 것이 아니고 승리했다는 데 있습니다. 따라서 승리는 비진리가 얼마나 약한지를 보여줍니다.

패배로 고통당할 때, 비진리는 자신이 얼마나 약한지를 보지 못하고 상대방, 곧 진리가 얼마나 강한지를 봅니다. 그러나 승리 후에 무기력하게 주저앉을 때, 비진리 자신이 얼마나 약했는지를, 상대방, 즉 진리가 얼마나 강한지를 봅니다. 그런 식으로 승리함으로 자신을 속인 자, 어떤 패배로도 자신을 짓밟을 수 없다고 스스로 속인 자, 그는 자신을 짓밟은 것입니다.

3) 결국, 진리를 위한 그의 죽음은 이후 세대를 일깨우는 모범으로 존재하게 될 것입니다. 그러나 그를 죽인 사람들과 관련하여, 진리의 증인이 죽음으로 그들의 죄를 없애버리기 위해 무언가를 할 수 있습니까? 진리의 증인이 죽는 것에 불과한 "소급하는(retroactive)" 힘이 있습니까? 그렇지 않습니다. 오직 그리스도의 죽음만이 그런 힘을 갖습니다. 그분은 사람을 넘어, 자신 및 인류 전체와 관계하기 때문입니다. 게다가, 진리의 증인의 죽음과 관련해, 이에 가담한 사람들이 유죄판결을 받고, 다른 사람들이 진리를 깨닫도록 돕는다 해도, 그들의 죄는 불변하며 오히려 더 죄가 큰 것처럼 나타낼 뿐입니다.

그때, 그런 강력하고도 공포스러운 일깨움의 도구를 사용할 권리가 나에게 있습니까? 대다수 사람은 이 문제를 발견하는 데 어려움을 겪습니다. 강제로 진리를 수용하게 만드는 사형을, 형벌로 이용하는 공포를 말합니다.[43] 그러나 나는, 사람이나 동시대가 내 처형에 가담하여 유죄판결을 받도록 하는 공포를 말합니다. 그 사람이나 그 시대가 진리를 받아들이도록 사람들을 일깨우는, 강제력의 공포 말입니다. 둘 중 무엇이 더 책임을 져야 한다면, 전자보다 후자가 아닐까요?

6. 진리의 증인을 처형한 죄를 짓도록 다른 사람들을 이끈 죄와 관련해, 진리가 이런 모든 책임을 탕감해 줄 수 있습니까? 그렇습니다. 왜 안 되겠습니까? 그러나 (나는 이제 앞으로는 전혀 다른 방향에서 질문을 던집니다. 따라서 그곳에서는 이 "그렇습니다"에 질문합니다)다른 사람들과의 관계에서, 나 혹은 다른 사람이 그 정도까지 진리를 소유하고 있다고 가정할 수 있습니까? 이것은 그리스도에게 별개의 문제였습니다. 그분은 진리(Sandheden)였습니다.

'이 고독한 사람'이 '다른 사람'과의 관계에서—갈등 중에—진리에 관해 절대적인 의무를 지는 것일까요? 바로 대답하기보다, 전혀 새로운 방식의 내 질문에 대답할 수 있습니까? 내가 물을 때, 전혀 다른 방향으로 문제에 접근할 수 있는 질문입니다. 나는 묻습니다.

"한 사람이 옳을지라도, 진리가 그의 편에 있다 하더라도, 다른 사람이 살인죄를 범하도록 하는 권리가 그에게 있습니까?"(2를 참고)

그러나, 이 고독한 사람이 다른 사람들과의 관계에서 진리를 절대적으로 소유하고 있다고 가정할 수 있는지, 그것이 궁금합니다. 만일 그렇지 못하다면, 내가 완전히 소유하지 못하는 무언가에 갖는 절대적인 의무란, 그저 모순일 뿐입니다.

7. 그렇지만 어떤 순간이 왔다는 것, 그 순간 자기가 죽음을 맞이한다는

것을 인식했을 때, 진리의 증인인 이 사람은 그 순간부터 **'침묵하게'** 될 것입니다. 그에게 그럴 권리가 있습니까? 어떤 비용을 들여서라도, 진리를 말할 의무를 갖는 것은 아닐까요?

대다수 사람은 내가 이해한 방식과 분명히 반대로 이해할 것입니다. "어떤 대가를 치르더라도"라는 말을, 목숨을 기꺼이 바치겠다는 뜻으로 이해합니다. 하지만 나는 이 '대가'라는 것을, 다른 사람들이 살인죄를 범하게 만드는 것으로 이해합니다. 과연 그에게 침묵할 권리가 있습니까?

자, 사람들이 그에게 말하라고 강요하고 있다고 상상해 봅시다. 진리를 말하면 자기가 죽게 되는 것을 알 때, 만일 그가 이것을 말한다면, 더 정확히 말해, 다른 사람들이 그를 처형하는 죄를 짓게 만드는 효과를, 진리가 지니고 있음을 그가 알 때, 그는 과연 거짓말(falsehood)을 할 권리를 가집니까? 다른 사람들이 그를 강요했기 때문에, 다시 말해, 그들 스스로 사람을 죽이는 죄를 짓도록 강제로 이끌었기 때문에, 전적으로 그에게는 아무런 책임이 없습니까?

8. 그러나 그때, 물론 그가 예언한 순간부터, 다른 사람들이 그의 권세 아래 있으므로, 그를 처형하는 것으로 그들의 싸움이 끝난다 해도, 그는 무언가를, 다른 무언가를 할 수 있습니다. 다른 사람들이 그의 권세 아

래 있는 것은 맞습니다. 대다수 사람은 반대로 생각합니다. 그가 그들의 권세 아래 있다는 것입니다. 다른 사람들, 강한 자의 손아귀에 있다는 것입니다. 하지만 이것은 착각입니다.

진리는 언제나 강한 자입니다. 사람들이 그를 처형하게 '강요함'으로써 그들을 자기 권세 아래 둡니다. 왜냐하면 그가 자유로운 자이기 때문입니다. 부자유한 자는 비진리의 권세 아래 있으므로, 진리를 말한다면 사람들은 자유한 자를 죽일 수밖에 없다는 것을 압니다. 따라서 그는 다른 무언가를 할 수 있습니다. 그는 그들에게 다음과 같이 말할 수 있습니다.

"거룩한 모든 것을 두고 내가 간청합니다. 당신이 양보하기를 바라며 이렇게 내가 애원합니다. 나는 이것을 할 수가 없습니다. 진리가 의무를 지웁니다. 진리가 나를 강요합니다. 나를 강요하는 유일한 것은 진리입니다. 그러나 그것이 곧 내 죽음이 되리라는 것이라는 것을, 나는 압니다. 결과적으로 내가 그 죄에 대해 책임질 것을 압니다. 나를 처형하는 죄, 그것을 자신에게 끌어들인 죄를 책임질 것입니다. 이 일로 인해 내가 간청하는 내 죄, 내가 이 죄에 관련하여 자유롭게 되기를 탄원하는 바입니다. 왜냐하면 내가 두려워하는 것이 바로 이것이지 나의 죽음이 아니기 때문입니다."

그러나 그들이 그를 이해할 수 없다면, 그들이 죄를 범하게 한 일에 죄가 없습니까? 혹은 그는 다음과 같이 말할 수 있습니다.

"여러분이 나를 죽이도록, 당신들이 살인죄를 범하게 만든 것으로 인해, 내가 받는 내 죄에 대한 책임을, 내가 아닌 여러분이 받도록 부과하는 바이오."

그때 그는 죄가 없습니까?

9. 그러므로 "그들이 그를 이해할 수 없다면." 혹은 사람이 "그들이 나를 이해하기를 거부했습니다."라고 말할 권리를 가집니까? 그리스도께는 이렇게 말할 권리가 있었습니다. 그분, 거룩하신 분에게, 진리의 반대란 사악함(ungodliness)입니다. 게다가, 하나님이셨던 그분, 사람들의 마음을 간파했던 그분[44]은 그들의 죄가 얼마나 큰지 알았습니다. 그분에게는 어떤 것도 숨겨지지 않습니다. 그런 그분은, 사람들이 그분을 이해하기를 거부했다는 것도 아셨습니다. 그리하여 사람들이 명백히 어떤 죄를 지었는지, 그들 속에 있는 죄와 정확히 일치했습니다. 그러나 자신을 처형하는 이런 극단적인 문제가 있을 때, 다른 사람들과 관계하고 있는 **사람**이 다음과 같이 말할 권리를 가집니까?

"그들은 나를 이해하기를 거부했습니다. 그들의 오해는 사악함입니다."

사람이 다른 사람의 마음을 꿰뚫어 볼 수 있습니까? 확실히 사람은 이것을 할 수 없습니다. 그들이 반대하는 것의 근거가 그를 이해하기를 거부한 것에 있는지도 명확히 알 수 없습니다. 따라서 인간이 감히 그럴 수 있습니까? 그를 처형하는 죄를 범하도록 사람들을 극단으로 밀어낼 때, 사람들이 나를 이해하기를 거부했다고 감히 스스로 말할 수 있습니까?

혹은 **사람** 사이의 관계에서 변증법적인 것은 상대적이지 않습니까? (어떤 사람도 절대적이지 않기 때문입니다)변증법적인 것은 그런 방식으로 방향을 바꿉니다. 그를 죽이려 했던 사람들의 소원은 그에게 다음을 의미합니다. 의심할 때, 그는 자신에게 등을 돌려야 합니다. 그가 실제로 옳았는지, 진리가 그의 편에 있는지 의심해야 합니다. 다른 사람들이 그를 죽이고 싶어 하니까요. 결국 그들은 인간으로서, 진리와 관련하여 그와 절대적으로 다를 수 없습니다.

어쨌든, 그는 모든 논쟁적 관계를 중단하고 모든 허용 가능한 수단을 써서 그들을 진리로 설득해야 하지 않습니까? 하지만 이것이 실패한다면, 논쟁의 열기 속에 있는 온화함이란 가끔은 불에 기름을 붓는 것과 같아서, 화해를 위한 시도가 오히려 사람들을 가장 격앙시킵니다. 그때는 어떻게 되겠습니까?

모든 착각(Vildfarelse)은 겨우 무지에 불과합니까? 혹은 도리어 죄가 되는 착각이 있나요? 그러나 그것이 이 경우라면, 사람 사이에서의 관계가 그럴 수 있습니다. 하지만 그리스도와 인간 사이에 그럴 수 있다는 것은 전혀 다른 문제입니다.

소크라테스가 행위에서 잘못한 것은, 그가 아이러니스트였다는 데 있습니다. 당연히 소크라테스에게는 기독교적인 사랑의 개념이 없었습니다. 기독교적인 사랑은 특별히 책임으로 알려집니다. 다른 사람들과 관련된 책임입니다. 반면 그는 동시대 사람들에게 책임이 있는 것이 아니고 진리와 자기 자신에 책임이 있다고 생각했습니다.

소크라테스적인 죄의 관점에서 보면, 이것은 무지로서 진리가 아닌가요?[45] 고대 그리스인으로서 그는 사람 사이의 관계만 생각했습니다. 그러나 기독교에서 말하는 관계란 하나님과 사람 사이에 존재합니다. 따라서 착각이 죄입니다. 그러나 이런 기독교적인 관점이 사람 사이의 관계에서도 유효한가요? 그러나 만일 유효하지 않다면, 사람 사이의 관계에서 모든 착각이 무지라면, 누군가 진리를 위해 나를 처형하는 죄를 감히 짓도록, 내가 과연 그런 일을 할 수 있습니까? 이것은 무지를 너무 잔인하게 처벌하는 것 아닌가요?

10. 기독교는 세계가 악이라고 가르칩니다.[46] 그리스도인으로서 나는 이것을 믿습니다. 그러나 이것은 사람 사이에 사용하기에 너무 지나치지 않

습니까? 이 목적을 위해 자기 목숨을 희생하는 가장 소중한 생각에 사로잡혀, 나는 인간을 알기 위해 가장 신중하게 노력했습니다.

내가 확신한 것은 모든 인간이 착하다는 것입니다. 홀로 있을 때나, 단둘이 이야기할 때 말입니다. 그러나 '군중'이 생겨나자마자, 증오가 생깁니다. [47]오, 인류 역사상 가장 사악한 독재자라도 절대, 단 한 순간 어떤 때라도, 군중이 누군가를 증오하는 것만큼이나 그렇게 증오하지 못했습니다. 더욱 끔찍하고, 몹시 지독하게도, 회개하지 않는 군중만큼이나 그렇게 증오하지 못했습니다. 그러나 그리스도는 자신 및 다른 사람들과 개인적인 사람으로서 관계 맺는 것이 아니라, 본질적으로 인류 전체와 관계합니다.

하지만 이 지점에서 죄의 전가(Skyld-Tilregnelsen)과 관련하여, 불일치가 나타납니다. 이런 "군중", 이런 유령(phantom), 이 추상적인 존재 때문입니다. 군중을 구성하고 있는 각 개인 중 어떤 사람도 유죄가 아닌 죄를 범하고 있는 것처럼 보입니다. 따라서 '군중'을 '비난'하는 것은, 지나가는 바람에 유죄를 선고하는 것처럼 우스꽝스러운 일입니다.

이런 미봉책은 내게 전혀 도움을 주지 못합니다. 군중에 죄가 있고 개인은 죄가 없다고 생각하는 것이죠. 내가 같은 사람임에도, 나에게 군중이 죄를 범했고, 개인은 범한 것이 아니라고 감히 말하는 의미에서는, 나에게 전혀 도움이 되지 않습니다. 단지 망상에 불과합니다. 그리스도와 관련해서는 사실이 아닙니다. 그분에게 죄를 지은 것은 군중 속의 각 개인이었습니다. 각각의 개인이 그분에게 죄를 지은 것입니다.

나는 악한 세계에 속해 있는 사람입니다. 그런 내 처지에서, 내가 속한 이 세상은 악하고 죄를 지었다고 말하면서, 나 홀로 청결하고 거룩하다고 감히 말할 수 있습니까? 만일 그렇지 않다면, 확실히 이렇습니다. 나는 건방지게도 이 말을 거의 할 뻔했습니다. 더 정확하게 표현하자면, 다음처럼 거대한 규모로 행동하는 것은 **신성모독**입니다: **진리를 위해 스스로 처형당하도록 하는 것**.

11. 혹은 다음과 같은 경우일 수도 있습니다. 실제로 누군가 진리를 위해 처형될 때마다, 이것은 진리가 변증법적이었다는 것을 뜻합니다. 나는 지금 이것을 조사할 것입니다. 하지만 거꾸로 말하지 않도록(bakke snagvendt)[48] 특별히 조심할 것입니다. 다시 말해, 과거가 아니라, 현재를 말하겠습니다.

그를 처형하거나 혹은 앞으로 처형하려는(미래시제) 사람들은 진리에 관한 자신들의 개념을 따르고 있습니다. 그를 처형하는 일에 있어서 그들은 그 정도로 옳은 일을 하고 있습니다. 그러나 만일 그들이 그를 처형하는 것이 옳다면, 이것은 그들을 범죄자로 만들고 마는 살인이 아닌 것입니다. 당연하게도 자기들이 살인자라는 생각을 하지 않기에, 양심에 어떤 가책도 받지 않습니다.

한편, 처형당하는 사람은 명백히 진리를 소유해야 합니다. 앞서 내가 가정한 대로, 그가 처형당하는 것이 진리를 위한 것인 범위 안에서는 그렇다는 말입니다. 그러나 그때는 도대체 어느 것이 어느 것입니까? 다음과 같은 사실이 고정되지 않는다면, 결국 진리는 그저 막연한 것, 흔들리는 것이 되고 맙니다.

죄 없는 자, 결백한 자를 처형하는 것은 살인입니다. 그러나 그렇지 않은 경우들이 있습니다. 결백한 자임에도 의도적으로 또한 고의로 처형하는 것이 살인이 아닌 경우라면, 희생자(victim)가 진리를 위해 처형당하기는 하지만, 그 일을 행한 자들 또한 비진리가 아닌 진리 가운데 있는 경우입니다.

이런 경우라면, 내게 같은 질문이 남아 있습니다: 진리를 위해 처형당할 권리가 나에게 있습니까? 다시 말해, 다른 사람들이 살인과 관련해 양심의 가책을 받지 않는다고 가정할 때, 내가 다른 사람들과는 동떨어진 채, 그들보다 더 높은 곳에, 혹은 그들보다 더 멀리 떨어진 곳에 홀로 서 있다고 가정할 권리가 있습니까(저 가정의 결과로 말입니다)? 우리—나와 다른 사람들—사이에는 눈곱만큼의 어떤 연대감(kinship)도 없다고 가정할 권리가 있습니까? 이런 연대감의 특징이란, 다른 사람들이 살인 때문에 양심의 가책을 받는다는 데 있습니다. 그러나 그 밖의 다른 어떤 설명도 그들과 나와의 관계를, 어린아이와 어른과의 관계로 만들어 버리고 맙니다.

12. 그러나 자기들의 무지를 근거로, 사람을 죽이는 것과 관련해 어떤 양심의 가책도 받지 않은채, 진리를 위한다는 명분으로 사람을 처형할 수 있는 것이 사실이라 해도, 희생자는 자기 개념에 남아, 그 일은 결국 살인이라고 여겨야 합니다. 마침내 영원이 심판할 때, 그저 알지 못했음을 근거로 그들에게 무죄 판결을 내린다 해도, 희생자는 진리에 관한 자기 개념에 의지하여 자신이 당한 죽음을 살인으로 여겨야 합니다. 하지만 그때라도 그는 그 책임을 계속 갖고 있습니다. 왜냐하면 진리에 관한 "자기" 개념과 관련하여 "자기" 책임이 있기 때문입니다.

자기 책임에 관해 그가 걱정한다 해도 별로 도움이 되지 않습니다. 희생자의 개념에 준하여 사람들이 살인죄를 범했다 하더라도, 사람들이 가진 개념에 의하면 그들 스스로 결백하다면 말입니다. 그를 처형한 자들이 그들 자신인 것이 사실이라도 말입니다. 그는 스스로 이해한 것에 따라 책임을 지고 하나님께 설명해야 합니다. 다시 말해, 그들이 살인죄를 범하도록 만든 일에 관해 자신이 이해한 범주에서 설명해야 합니다.

사람들이 살인죄를 범하게 만든 책임은 더욱 크다는 것을 의미합니다. 죄 있는 자를 아무리 결백하게 만든다 해도, 아무리 선한 의도가 있다 해도, 사람들이 그를 이해할 수 없다면 그렇습니다. 차라리 그가 스스로 목숨을 끊는 것이, 그들과 그 사이에 일어나는 이런 충돌을 해결할 유일한 방법일 것 같습니다. 순진한 사람들이 누군가를 처형하도록 만드는 것이야말로 가장 끔찍하도록 잔인한 일이 아닐까요? 그들은 그를 이해할 수 없으므로 자기들이 옳은 일을 하고 있다고 믿기 때문입니다.

그러나 이 모든 일의 원인이, 그들이 그를 이해하기를 '거부했기' 때문이라면 어떻게 할까요? 나는 이미 다음과 같이 대답한 적이 있습니다.

"다른 사람들과 비교하여, 사람이 스스로 청결하다고 감히 생각할 수 있습니까? 자신과 관련하여, 하나님 앞에서 자기도 남들과 같은 죄인이라고 말하기보다, 감히 그들을 죄인이라 할 만큼 청결하다고 느낄 수 있습니까?"

그러나 그가 감히 이렇게 할 수 없다면, 그는 또한 감히 다른 사람들이 진리를 위해 자기를 처형하게 하는 죄를 범하게 할 수 없습니다.

그때 사람은 진리를 위해 감히 처형당할 수 있습니까?

C

1. 이런 어리석은 시대에 일어나는 온갖 우스꽝스러운 일 중에 가장 우스
꽝스러운 것이 있다면, 아마도 내가 종종 읽은 적이 있었던 논평입니다.
이것은 지혜라고 적혀 있었고, 사람들에게 찬사를 받으며 다음과 같이
적절하게 말합니다.

　　"우리 시대에 순교자가 나올 수 없습니다. 우리 시대는 누군가를 처
형할 기운도 없습니다. Sie irren sich![당신이 틀렸다!]"

　　누군가를 처형하거나 혹은 순교자로 만들 만한 기운을 갖고 있는
것은 이 시대가 아닙니다. 차갑게 식어버린 시대에 다시 열정을 불어넣
을 수 있는 기운을 가진 자는 순교자, 장차 있을 순교자입니다. 이 경우
에, 그는 분노의 열정으로 자기를 죽일 수 있는 힘을 가져야 하는 사람
입니다. 이것이 바로 이 관계이자 우월성(superiority)입니다. 이상적으로
본다면, 이 우월성 없이 어떤 사람도 순교자가 되지 못했습니다. 아무리
자기 목숨을 희생했다 해도, 더 정확하게 말해 목숨을 잃었다 해도, 처
형을 당했다 해도, 순교자가 아니었습니다.

　　진정한 우월성은 언제나 두 군데에서 발휘됩니다. 자신을 처형하는
권력의 징후를 스스로 생산합니다. 예를 들어, 율법의 설교자가 처형당

할 때, 그 시대가 자기 기운으로 설교자를 처형한(slaa ihjel) 것이 아닙니다. 설교자가 그 시대를 강하게 때리며 꾸짖을 때, 공격당한 그 시대가 설교자에게 반격을 가하도록(slaa igjen) 열정을 준 것이 바로 설교자 자신입니다. 가장 무기력한 시대라 할지라도, 그런 사람은 그런 시대라도 열정을 갖게 만듭니다. 그러나 그런 율법의 설교자는 확실히 이 시대에는 보기 드물지요. 이 시대에는 모든 사람이 다 똑같습니다.

[49]학생이 선생에게 얻어맞으려는 순간, 고통을 조금이라도 줄이기 위해 선생 모르게 바지 속에 수건을 넣는 것처럼, 우리 시대 율법의 설교자는 남모르게 다른 모습으로 계속 바꾸어 가면서, 그때마다 늘 좋은 이유를 들어 회중에 도움을 줍니다. 하지만 그는 지금 그렇게 벌을 받는 것입니다. 건덕을 위해, 만족과 회중의 기쁨을 위해서 말입니다.[50]

좋은 이유를 위해서입니다. 왜냐하면 학생들의 경우에, 때리는 선생님과 관련해서는 어떤 위험도 존재하지 않지만, 진실로 율법의 선생이 되는 것은 때리는 것(slaa)뿐만 아니라 얻어맞는 것, 혹은 얻어맞기 위해 때리는 것을 의미하기 때문입니다. (그렇습니다. 여기에서 개념은 뒤집힙니다 (slaaer)![51]) 율법의 설교자가 얻어맞으면 맞을수록, 그는 더 탁월해집니다.

따라서 감히 누구도 진정한 율법의 설교자가 될 수 없습니다. 혹은 진정 율법의 설교자로 불리는 자는 실제로 감히 때릴 수 없습니다. 왜냐하면 그는 너무나 잘 알고 있고 이해하고 있기 때문입니다. 그의 앞에 있던 사람들이 아이들이 아니었다는 것을. 다른 사람들, 그가 때려야 하는 다른 사람들은 더 강한 자들이었다는 것을.

그들은 실제로 반격할(slaa igjen) 것입니다. 아마도 그를 때리고 처형할(slaa ihjel) 것입니다. 왜냐하면 위대한 율법의 설교자가 된다는 것은 곧 처형당하는 것이기 때문입니다. 하지만 소위 율법의 설교자란 사람이 설교단에서 때립니다. 허공을 치는 싸움을 합니다.[52] 이것은 확실히 이 시대에 그를 처형하도록 열정을 불어넣을 수 없습니다. 이런 식으로 그는 우스꽝스러운 목적을 달성한 것입니다. 그는 모든 괴물 중에서도 가장 우스꽝스러운 괴물이 될 것입니다. 율법의 설교자는 이런 식으로 박수갈채를 받고, 존경을 받고, 명예를 얻습니다.

2. 심리학자라면, 그리하여 그가 치료법을 사용할 만한 용기가 있는 자라면, 다른 사람에게 기운을 더하는 것만큼 쉬운 것은 없습니다. 적어도 분개의 기운을 더하는 것만큼 쉬운 것은 없습니다. 소크라테스가 살던 시대에 살았던 수많은 사람은, 소크라테스가 그들에게서 어리석은 개념을 빼앗을 때마다 얼마나 그를 물어뜯으려 했습니까?[53] 이것이 사실 아닌가요? 심지어는 가장 어리석었던 사람들에게도 분개의 기운을 북돋아 그를 죽이도록 할 수 있었습니다.

이러한 이유로, 어느 시대에도 누구나 순교자가 될 수 있습니다. 그리함으로 처형당할 수 있습니다. 어떤 의미에서 보자면 이보다 더 쉬운 일은 아무것도 없습니다. 전체는 체계적으로 준비될 수 있습니다. 그러나 처형당하는 자가 그렇게 할 수 있어야 합니다. 그가 이 시대에 분개의 기운을 북돋아 주어야 합니다.

따라서 만약 누군가 자기 목숨을 희생하기를 바란다고 선포하며, 그때까지 동시대인들에게 전혀 알려지지 않다가 갑자기 나타난다면, 은행 환전 담당 직원이 진폐인지 위조지폐인지 구별하기 위해 침착하게 지폐의 표시를 조사하는 것처럼, 나는 그를 침착하게 거부할 것입니다(나는 이런 생각을 다루는 일에는 매우 익숙하기에 이런 일들에 나만큼 더 침착할 사람도 없을 것입니다).

그런 사람은 동시대인들에게 절대 처형당하지 않을 것입니다. 다른 관점에서 그가 실제로 죽을 용기를 가졌고 또한 기꺼이 죽기를 바란다고 하더라도, 처형당하지 않을 것입니다. 그는 이 비밀을 알지 못합니다. 그보다 강한 자인 이 '시대'가 그 일을 해야 한다고 그는 생각함에 틀림이 없습니다. 자신이 이 시대보다 더 뛰어나다고 생각하지 않습니다. 하지만 이 시대가 그를 처형하도록 그저 수동적으로 이를 허용하는 것이 아닙니다. 이 시대에 처형을 위임하는 것이 아닙니다. 오히려 자유의 힘을 통해 이 시대가 그 일을 감행하도록 하는 것입니다. 사람이 삶에 지치다 못해 쓰러져 저절로 죽기를 바랄 때, 판사는 사형선고를 하지 않는 것이 관행입니다.[54] 동시대는 그만큼 지혜롭습니다. 그 시대는 그를 처형함으로 얼마나 큰 기쁨을 얻을까요!

3. 그런 사람은 시대가 그를 죽이도록 강제할 수 없습니다. 아니, 그러나 당신이 그것을 원한다면, 다른 방식으로 시작해야 합니다. 먼저 당신의 시대에 관해 상세하게 아는 법을 배우십시오. 특별히 그 시대가 가진 잘못, 욕망, 열망을 말입니다. 그뿐만 아니라 그 시대가 자기 생각대로 간다면 실제로 시대가 원하는 것을 알아내는 방법을 배우십시오. 이런 것과 관련하여 정보를 얻게 되면, 열정적으로, 유창하게, 또한 강렬하게 감동을 줄 만큼, 이 시대에 어둡게 숨겨있는 것을 표현하십시오. 이를 위해 당신은 기운을 내야 하고, 또한 이에 걸맞은 자격을 갖추어야 합니다.

무슨 일이 일어날까요? 간단합니다. 이 시대가 이런 이야기에 완전히 빠져드는 일이 일어납니다. 당신은 시대에게 찬사를 받는 대상이 됩니다. 자, 이제 당신은 처형당하는 일의 시작점에 서게 됩니다. 이제 해야 할 일은 이것입니다. 지금 서 있는 곳에서 살짝 비켜서십시오. 똑같이 결정적으로, 똑같이 반발하면서, 다만 비켜서십시오. 그러면 동시대인들 속에 빠르게 불타오르는 열정, 시대가 그 열정을 얻는 모습을 보게 될 것입니다.

순교자가 되기 위해서는, 무엇보다 먼저 당신이 이 시대로부터 찬사를 받는 대상이 되어야 함이 틀림없습니다. 그렇지 않다면, 당신과 함께 하는 시대를 얻지 못할 것입니다. 당신이 그 자리에 있었기에, 찬사를 기분 좋게 누릴 만한 힘을 얻었습니다. 하지만 당신은 그것을 거절했습니다. 퇴짜맞은 찬사는 바로 그 순간, 분개가 불타오르도록 만드는 절대적 열정이 되고 맙니다. 동시대가 우상화하려 했던 것이 바로 당신입니다. 당신이 교만하게도, 그렇습니다, 교만하게 되도록 말입니다. 혹은 하나님을 두려워하며 진실하게 거절한다면, 이것은 당신의 죽음을 불러올 것입니다.

전체의 일은 변증법적 관계를 따져봄으로써 간단하게 결정될 수 있습니다. **희생**은 변증법적으로 동시대인들과 이렇게 관계하고 있어야 합니다. 당신은, 순간의 의미에서, 시대가 열망하는 자가 될 수 있어야 합니다. **"시대의 요구**(Tidens Fordring)**"**[55]가 되어야 합니다.[56] 당신의 사명을 조작함으로, 그 사실에 의해(eo ipso) 당신은 시대의 우상이 됩니다. 그러나 진리의 관점에서 보면, 당신은 영원의 의미에서 **"시대가 필요로 하는 자"**입니다.

당신이 그렇게 되므로 자기 자신에게 진실해진다면, 그 사실에 의해 죽음에 헌신하게 됩니다. 당신은 자기 자신 및 시대와 관계를 맺고 있어야 합니다. 그리하여 전체 시대를 들어 올려 그 시대를 지고 가는 동안, 시대는 당신에게 승리의 찬사를 보낼 것입니다. 곧, 다른 어떤 누구도 이

만한 찬사를 얻을 수 없고, 이 사랑을 확신할 수 없습니다.

그러나 당신이 이 찬사를 얻는 순간, 훨씬 더 큰 기운을 다해 이 찬사를 쫓아내 버려야 합니다. 허위가 나타나지 않도록, 당신이 시대의 산물이 되는 그런 허위가 나타나지 않도록 말입니다. 이것이 시대가 원하는 바입니다. 곧, 시대는 당신을 찬양함으로 시대 자신을 찬양하기를 바랍니다. 그러나 진리가 시대가 발명해 낸 것이 아니라는 것을 시대에 이해시키는 것, 이것이 당신의 의무입니다.

4. 나는 이것을 쉽게 이해할 수 있습니다. 끔찍한 가능성을 제외하더라도 그런 일은 어느 정도 악마적으로 모방할 수 있다는 것 역시 잘 알고 있습니다. 전체 시대와 경쟁자가 되어 처형당하는 끔찍한 게임을 벌이려는 건방진 자들 편에서는 이것은 두려운 일이며, 또한 고의로는 실행 불가능한 일일 수 있습니다. 만일 당신이 불경하게도 자기 자신을 속이고 또 다른 사람들도 속여서 이것이 진리를 위한 것으로 생각하게 한다면 더욱 두려운 일일 수 있습니다. 나는 이를 잘 알고 있습니다. 그러나 가장 엄격한 의미에서 이것이 진리일 수 있다는 것도 잘 압니다. 이런 식으로 행동하는 것이 진리에 봉사하는 것일 수 있다는 것 말입니다.

그리하여 이 일이 이루어질 수 있습니다. 그러나 여기에서 다시 질문이 생깁니다.

사람이 진리를 위해 처형당할 권리를 가질 수 있습니까?

D

1. 이 질문의 대답은 진리와 관련한 사람들 사이의 관계에 따라 달라질 것입니다. 모든 것은 이와 같이 회전하고 있습니다: 진리와 관련하여 사람들 사이에 어떤 이질성(heterogeniteten)[57]이 존재할 수 있습니까? 이런 점에서 이 고독한 사람이 다른 사람들과 얼마나 이질적인지 생각할 수 있습니까? 그러나 무엇보다도 여기에 어려움이 고려되어야 합니다. 이질성을 덜 생각할수록, 그 가능성은 더 커집니다. 실제로 두 적대자가 서로를 이해할 가능성 말입니다. 하지만 결국 이런 견해 때문에 다른 사람들에 관해 다음과 같이 말할 가능성에 더 가까워진 것은 아닐까요?

   "그들은 나를 이해하기를 거부했습니다."

   과연 그들은 그럴 수 있을까요? 하지만 앞에서 보여준 대로(B9, 10, 11, 12), 이것은 자신과 다른 사람들 사이에 이질성을 말할 때 가장 잘 표현할 수 있는 말입니다. 오직 하나님만 말씀하실 수 있습니다.

   "그들이 거부했습니다."

   이것이 사악함(ungodliness)입니다. 놀랍지 않은가요! 하지만 또한 두 번째 견해가 있지 않을까요? 가정했던 만큼 이질성이 그렇게 크지 않다면, 내가 그토록 자신에게 완고한 것은 결국 냉담함 때문입니다.

그때 이질성이란 무엇입니까? 사람이 동시대를 악이라고 여긴 것이 과연 정당화될 수 있습니까? 혹은 단순히 사람으로서, 사람은 다른 사람들과 관련해 언제나 상대적이므로, 기껏해야 다른 사람들의 약점이나 평범함에만 질문할 수 있는 것은 아닐까요?

따라서 자신이 약간 양보하든가, 혹은 다른 사람들이 살인죄를 범하게 방조하든가. 이것이거나 저것이거나. 그렇다면 둘 중 어떤 죄가 더 클까요? **한 사건의 경우에 '죄'**란 자신이 약간 양보함으로써 그동안 이해해 왔던 진리를 수정하거나 조율하는 데 있습니다. 그러나 절대적인 진리를 인간이 소유할 수 있다면, 이것은 누구도, 무엇도 절대 막을 수 없고, 이제는 무한히 죄가 됩니다. 스스로 진리인 자는 그 누구에게 어떤 것도, 눈곱만큼도 양보할 수 없으니 말입니다. 그러나 어떤 사람도 이렇게 될 수 없습니다. 적어도 다른 사람과 관련해서 말입니다.

모든 사람은 죄인입니다. 그리하여 혼자 흠없고 정결한 존재로 다른 죄인들과 관계하는 것이 아니라, 죄인인 자신이 다른 죄인들과 관계하고 있습니다. 모든 사람과 그리스도와의 일반적이면서 근본적인 관계입니다. 이 관계는 평등합니다. 이런 근본적인 관계 가운데 성립하는 평등 중에서, 그가 진실로 진리를 이해했거나 혹은 내적으로 진리를 더욱 소유하고 있다는 점에서 본질적으로 다른 사람과 다릅니다.

두 번째 사건의 경우, 죄란 이것입니다: 다른 사람들이 살인죄를 범하게 하는 것. 어떤 죄가 더 클까요? 다른 사람보다 자신이 절대적으로 뛰어나다는 가장 강력한 표현은 다음과 같으며, 다음과 같이 계속 남습니다: 진리를 위해 당신을 처형하는 죄를 다른 사람들이 범하게 하는 것. 단순히 당신 자신과 관련하여, 다른 사람들은 약하고 맹목적이며, 부정하고, 또한 평범하다고 말하는 것이 아닙니다. 다만 자기 자신과 관련하여, 다른 사람들은 모두 죄인이라고 말하는 것입니다.

대부분 사람은 여기에서 논의하는 내용들에 아마도 동의하지 않을 것입니다. 진리를 소유하는 것에서, 이런 이질성이야말로 최고의 가식이라고 생각하기 때문입니다. 자신들이 진리를 소유한다고 생각하므로, 가능하다면 상대가 진리를 받아들이도록 강요하기 위해 그를 처형하는 것.

아니, 더 심각한 가식이란 이런 것입니다: 진리를 위해 처형당할 만큼 자신이 진리를 소유하고 있는 것, 그래서 다른 사람들이 진리를 위해 당신을 처형하도록, 그들이 살인죄를 범하게 만드는 것.

2. 그때, 진리를 위해 처형당할 권리가 사람에게 없다고 나는 생각합니다. 그런데도 이런 결론을 내릴 수밖에 없어서 슬픕니다. 다시는 생

길 수 없는 기억과 분리되듯, 이런 생각과 분리되어야만 하는 것이 슬픕니다. 사람이 진리를 위해 처형되는 것은 당연하고, 또 그 정도로 모험할 만큼 확신이 있었습니다. 확신이 필요하기에 그 모험을 감행하기도 했고, 그런 확신과 일치하는 방식으로 행동할 수 있다는 생각과 분리되어야 했습니다. 이런 분리가 내게는 슬픕니다.

이런 결론을 내리는 것이 불쾌합니다. 인간성(humanity)이 점점 더 냉담해지는 것입니다. 인간성이 점점 상식적으로(지적으로) 변화하기 때문입니다. 인간성이 더 분주해집니다. 인간성이 더욱 세속적으로 되기 때문입니다. 절대적인 것은 세상에서 쓸모없는 것이 되어가고 있습니다.

일깨움(awakening)이 더욱 필요하게 될 것입니다. 하지만 진정한 일깨움의 도구를 감히 활용하지 않는다면, 진리를 위해 감히 처형당하지 않는다면, 맹목적으로 돌진하는 것이 아닌, 마치 어떤 자본가가 시장 현황을 계산하는 것 이상으로 더욱 침착하게 한 걸음 한 걸음 계산하며 나아간다면, 도대체 일깨움은 어디에서 옵니까? 하지만 이것이 "절대적" 차이 아닌가요? 무관심 사이의 차이, 정신의 결핍, 열정과 감격의 결핍 말입니다! 그러나 아닙니다. 사람에게 이것을 행할 권리가 없다고 나는 생각합니다.

3. [58]다른 측면에서, 심리학적으로, 변증법적으로 고려하는 것은 주목할 만

합니다. 진리를 위해 처형당할 권리가 사람에게 없다는 관점을 옹호한다는 단순한 이유로 인해, 사람이 오히려 처형당할 수 있다는 것은 절대 상상할 수조차 없습니다.

예를 들어, 독재자와 동시대에 있었다면(개인이든 군중이든), 독재자는 그의 말을 오해하여 독재자 자신을 풍자한 것으로 여길 것이고, 이에 분개한 나머지 그를 처형할 것입니다. 진리를 위해 처형당할 권리가 사람에게 없다는 이 관점을 옹호한, 바로 그 사람을 말입니다.

E

1. 그러나 내 질문(진리를 위해 처형당할 권리가 사람에게 있는 것인지)과 관련해, 기독교는 본질적으로 그 관계를 바꾸지 않았습니까? 이미 언급한 대로, 이 문제는 그리스도와 관련되어 있고, 이런 점에서 완전히 다른 문제입니다. 그분은 사람이 아니었습니다. 그분은 진리였습니다. 따라서 죄 많은 세상이 그분을 죽이는 죄를 범하게 하는 것 말고는 다른 어떤 것도 할 수 없습니다.

    결국 이것이 그리스도와 인류 전체 사이에서 파생된 관계입니다: 그리스도께서 자신 및 이방인들과 관계한다면, 그분은 절대 진리 안에서 사람들과 관계하는 것 아닌가요? 다른 사람과의 관계에서, 이런 상황에서 절대적 진리를 얻도록 감히 진심으로 요구한다면, 진리를 위해 처형당하는 일이 있어도 그분은 옳습니다. 그들 사이에 차이는 절대적입니다. 처형당하는 것 역시 절대적 차이를 위한 절대적 표현입니다.

    내 개념에 따르면, 이것은 부인될 수 없습니다. 그렇지 않았다면, 내 이론은 사도들뿐만 아니라 같은 상황에 놓인 모든 사람을 심판하는 곤경에 처했을 것입니다.[59] 이것은 너무 큰 잘못입니다. 진리를 위해 처형당하는 것은 실제로 기독교의 산물입니다. 기독교가 진리니까요. 진리이므로, 진리와 비진리 사이의 무한한 차이를 발견했던 것입니다. 그렇습니다. 기독교와 비기독교 사이에서만 진리를 위해 처형당하는 일이 일어날 수 있습니다.

따라서 소크라테스는 가장 엄격한 의미에서는, 처형당했다고 주장하지 못할 것입니다. 적어도 진리를 위해서 말입니다. 그는 처음부터 끝까지 아이러니스트였고, 무지(ignorance, uvidenhed)를 위해 처형당한 것입니다. 그리스의 문화를 고려할 때, 소크라테스의 무지는 확실히 많은 진리를 포함하고 있었으나 진리는 아니었습니다.

2. 그러나 그리스도인과 그리스도인의 관계에서 내 이론은 유효합니다. 다른 그리스도인과의 관계에서 그리스도인으로서, 나는 감히 그 정도로 진리를 소유한 척 하지 않으렵니다. 그들과 비교하여, 감히 진리를 절대적으로 소유한 척 하지 않으렵니다. (이방인들과 관계에서, 이런 가식은 절대적 진리를 소유하는 것입니다.)

따라서(ergo) 나는 그들과 비교하여, 진리에 절대적 의무를 갖기 위한 절대적 표현을 감히 사용하지도 않습니다. 그들이 나를 처형하는 죄를 범하도록 하지 않습니다. 개인들 사이의 관계처럼, 그리스도인과 그리스도인 사이에도 상대적 차이만 존재할 뿐입니다.

그러므로 그리스도인이 감히 다른 사람들로 하여금 그를 무시하고, 조롱하고, 모욕하는 죄를 범하게 만들곤 합니다. 그들로 하여금 이런 죄를 범하게 하는 것은 확실히 죄입니다. 하지만 그 정도로, 그가 진리에 대한 의무를 상대적으로 지닐 수 있습니다. 진실한 것을 인식하는데 있어, 그 정도까지 그들보다 뛰어날 수 있습니다.

그때 이것은 유익한 일깨움일 수 있습니다. 그러나 이전의 선한 상태로 돌아갈 수 없는 그런 종류의 범죄를 저지르는 지점까지, 이 일깨움이 이르는 것은 아닙니다. 하지만 기독교 세계에서 진리를 위해 처형당하는 것이 허용된다면, 무엇보다도 기독교 세계가 기독교적이지 않은 것을 가정해야 합니다. "무정신성(spiritlessness)"[60]처럼, 기독교 세계가 이교도보다 더 이교도적이라고 가정해야 합니다.

그리스도인이라고 주장하는 사람과 마주하여 그들이 그리스도인이라는 것을 감히 부정하지 못하는 자, (누가 감히 이런 일을 한다면, 이는 전능자만 갖고 있는 것, 곧 인간이 마음에 지닌 지식을 빼앗는 것 아닌가요?[61]) 그는 감히 처형을 당하지도 못하고, 다른 사람들이 그를 처형하는 죄를 범하게 하지도 못하는 것 아닌가요?

3. 내 글을 아무리 많은 사람에게 제시해도, 그들에게는 쓰여지지도 존재하지도 않는 글과 같습니다. 이미 보여주었듯이, 그들의 생각은 내 생각이 시작되는 곳에서 끝납니다.[62]

4. 진리와 관련해, 사람 사이에 가장 단순하면서 가장 당연한 관계는 이렇습니다. "개인"은 "다른 사람들"이 그보다 더 많은 진리를 갖고 있다고 가정합니다. 따라서 자기를 그들에게 종속시킵니다. 자기 의견을 그들에게 맞춥니다. 그들의 승인을 진리의 표준으로 삼습니다.

심지어는 소크라테스적으로도, 기독교의 가르침을 따른다고 하더라도, 진리는 소수에 존재합니다. "다수"는 비진리의 표준입니다. 승리한 정보 제공자는 허위를 드러낸 자입니다. 그러나 진리가 소수에 있다면, 누군가 진리 안에 존재한다는 구별된 표시는 논박되고, 역전될 수밖에 없습니다: 구별된 표시는 환호와 박수갈채가 아니라, 반감(disapproval)입니다.

그러나 다른 사람과의 관계에서, 혹은 다른 그리스도인과 그리스도인의 관계에서, 어떤 개인도, 어떤 개인적인 그리스도인이라도, 자신이 진리를 절대적으로 소유한다고 감히 생각할 수 없습니다. 따라서 감히 다른 사람들이 진리를 위해 자신을 처형하는 죄를 범하게 할 수 없습니다. 그렇게 한다면, 실제로 진리를 위한 것이 아닙니다. 오히려 거기에는 거짓이 있습니다.

비진리는 이렇게 구성됩니다. 이런 식으로 싸우는 자는 자신 및 다른 사람들과 논쟁적으로만 관계합니다. 오직 자기만 생각하지, 다정다감하게 다른 사람들의 처지를 고려하지 않습니다. 그러나 그가 그들보다 절대 우월하지도, 진리 안에서 우월한 것도 아닙니다. 우월함이란 자기 원수를 변호하는 사람이 되는 것이기 때문입니다. 그 정도로 걱정하고 그보다 더 깊은 통찰력을 갖고, 그가 범할 죄 이상으로 죄를 짓지 않도록 지키는 것입니다.

오, 강자임을 자처하는 자가 다른 사람을 처형하는 일은 아주 쉽습니다. 쉽게 저지르는 것 말입니다. 아, 죄 없는 자를 죽이는 죄에 개념을 가진 자는 확실히 자기 자신을 시험할 것입니다. 이런 식으로 다른 사람에게 죄를 짓게 하기 전에 말입니다. 이런 자기 시험에서, 이것을 행할 권리가 없다는 것을 스스로 깨닫게 될 것입니다. 사랑이 막을 것입니다.

사랑입니다. 영원하고도 거룩한 완전함으로 사랑이 그분 안에 있었습니다. 진리로서 그분은 그가 진리였다는 것을 절대적으로 표현해야 했습니다. 따라서 불경한 세계가 이런 식으로 죄를 짓게 했습니다. 원수를 위해 기도했던 것이 그분 안에 있던 이 사랑이었습니다.[63] 그분은 죽음을 막을 수 없었습니다. 그분이 세상에 온 것도 이 때문이었습니다. 그러나 그분은 사랑으로 자신을 희생했기 때문에, 다정다감하게 원수의 처지를 걱정하셨습니다. (그분이 다시 "희생(the Sacrifice)"이라 불리는 이유입니다)이것이 진리와 사랑의 합일입니다.

[64]이미 언급한 대로, 이것은 "짧은 요약 속에 있는 이 사람의 수많은

생각들"입니다. 전체는 소설이므로 "시적 시도"입니다. 그러나 유의하십시오. 사상가로, 사고가 깊은 독자는 이 사람의 특징에 관해 내가 아무 말도 하지 않는 것이 적절하다는 것을 알 것입니다. 다만 소설이기 때문에, 나는 또한 한 가지를 다른 것으로 말할 수도 있습니다. 정확히 내가 바라는 것을 말할 수 있습니다.

다른 측면에서, 전체가 소설인 한, 나는 그분의 삶에 관해 내가 바라는 것을 정확히 말할 수 있습니다. 그분이 어떻게 하셨고, 이 세상에서 어떤 분이셨는지 내가 원하는 대로 말할 수 있습니다. 그러나 또한 시인으로서(qua poet) 내가 바라는 것을 말할 수 있는 절대적 능력을 지니고 있으므로, 이 모든 면을 고려하여 결국 아무 말도 하지 않을 것입니다. 이는 소설의 관점에서 말하므로, 독자들의 관심을 본질적인 생각의 내용에서 다른 데로 돌리지 않기 위함입니다.[65]

참고자료

1 이 표제와 관련해 다음을 참고하라.

《순환(circle)》에 있는 모든 소론(essays)을 (Adler에 관한 것은 제외) 출판할 수 있다. 그러나 그것들을 그 자체로 각각 분리하여 출판해야 한다. 그렇지 않다면, 최소한 둘씩 함께 묶어 출판하거나 가명 HH, FF, PP로 출판해야 한다. 마치 게릴라처럼, 일깨움을 위한 세 권의 출판과 함께 동반될 수 있다. 그러나 그들의 역할이 정확히 게릴라이기 때문에, 가능한 한 소규모로 나타나야 한다.-JP VI 6387 (Pap. X1 A 236) n.d., 1849

2 키르케고르는 H.H.라는 문자를 선택한 동기를 따로 언급한 적은 없다. 다만 이 문자는 "영광스러운 사람들(hine Herlige)"과 관련이 있다.

3 이 부분은 다음을 참고하라.

서문

이 서문은 독자들에게 일상적인 사고방식 일부를 내려놓는 연습을 하라는 간청에 지나지 않는다.* 만일 그렇게 하지 못한다면, 독자 스스로 이 책을 시작하는 데 서문이 전혀 도움이 되지 않는다. 왜냐하면, 이미 오래전에 그가 그 문제를 거꾸로 뒤집어 놓은 상태에서 끝냈기 때문에 지금에 와서도 전혀 문제를 파악할 수 없는 것과 같기 때문이다.

*(도면을 옆으로 돌렸을 때의 차이와 같다.)-Pap. VIII 1 A 274 n.d., 1847

4 이하는 다음을 참고하라.

예수 그리스도가 십자가에 못 박히는 것이 어떻게 가능할까.[*]

한 부모가 자녀에게, 예수 그리스도를 믿는 믿음을 경건하게 주입시켰다. 그러나 자녀가 성장함에 따라, 점점 이 믿음을 이해하기 어렵게 되었다. 자녀는 결국 이렇게 말하기에 이르렀다.

"나는 아주 잘 이해하고 있어. 그분은 진리를 위해 기꺼이 자기 삶을 희생했지. 그가 자기 삶을 희생했다면, 그건 진리를 위해 희생한 거야. 그러나 내가 이해하지 못한 것도 바로 이거야. 사랑이었던 그분이, 왜, 사람들이 모든 범죄 가운데서도 최악의 범죄-바로 그분을 처형하는 범죄-를 저지르도록, 그 사람들을 사랑으로 막지 못했는가 하는 점이야."

문제는 이렇다. 그리스도는 사랑이 아니다. 적어도 사랑에 관한 인간적인 정의에 따르면 아니다. 그분은 진리이며 절대적 진리였기 때문에, 그들을 변호할 수 없었을 뿐만 아니라(그 반대는 약하므로 변호할 수 없었던 것임), 사람들이 그분의 죽음에 관해 유죄를 선고하도록 내버려두어야 했다. 즉, 진리가 최대한 드러나도록 해야 했다.

[*] 여백에서: 이 책은 가명의 책이 될 것이다. -JP I 316 (Pap. VIII1 A 469) n.d., 1847

5 소름 끼치는 것, 극도로 집중된 슬픔이, H. H.가 쓴 첫 번째 소론의 한 구절 속에 있다. 바로 소개의 시작 부분에 등장한다. 아이였을 때 그는 이미 노인이었다. . . . 그는 계속 살았지만, 더 젊어지지 않았다. 그는 늙어버린 아이, 더 이상 젊어지지 않는 아이였다.

오, 놀라운 고난을 위한 이 얼마나 놀라운 표현인가.

그런데도 우리가 이것을 가정한다 해도, 그가 노인이 되었을 때, 전혀 늙지 않는 차이가 바로 그의 존재이다. 왜냐하면 노인이 되어 노인처럼 늙는 것은, 아이였을 때 이미 노인처럼 늙는 것과 같지 않기 때문이다. -JP VI 6420 (Pap. X1 A 441) n.d., 1849

6 통치자들의 손에 있는 유대인들의 사악함: 복음서 기록에 따르면, 예수님과 유대인들 사이에 명백한 갈등과 충돌이 있었고, 결국 예수님은 사형 선고를 받으셨다(예: 마 27:20~26 참조). 교회가 보기에 유대인들이 더 높은 대의를 위해 일하고 있었다는 것은 1847년 5월 또는 6월의 일기 NB2:37에서 분명하게 드러난다.

"그리스도는 사람이 되신 하나님(God-man)이었기 때문에, 그리스도가 십자가에 달리신 사건은, 우연하게도 유대인들이 타락했기 때문에 발생한 일임을 의미할 수 없을뿐더러, 더 과감히 말하자면, 그리스도가 이렇게 오신 것이 불행한 순간에 일어난 일일 수 없다."

7 두 개의 윤리·종교적 소론의 덴마크어 본문에서, 그리스도를 언급하는 첫 글자가 언

제나 소문자나 대문자로 있는 것이 아니다. Pap. X5 33b:13과 일치하며, 그곳에서 키르케고르는 대문자 H(Ham, 그분)를 「그리스도교의 훈련」의 페이지 조판에서 소문자로 바꾼 것에 대해 인쇄업자에게 사과한다. 소문자는 이 작품 전반에서 사용된다.

8 다음을 참고하라. 원고의 여백에서;

이 그림이 이 사람을 불행하게 한 것이 아니다. 그가 사랑한 것이었다. -Pap. VIII2 B 133:2 n.d., 1847

9 원고에서 변경된 것:

얼마나 이상한가. 그는 홀로 말했다. 나는 이 의심에 관해 누군가에게 말하지 않는다. 내가 이 문제에 관한 설명을 어디에서 듣고 읽든 간에, 이것은 언제나 단 하나의 어려움이 있는 것처럼 바뀐다: 삶을 무릅쓸 수 있는 충분한 용기와 믿음을 갖는 어려움. 그러나 사람에게 그것을 하기 위한 권리가 있는가? 그가 말했다. 자신이 결백하게 처형된다면, 그것은 자신이 다른 사람에게 지운 끔찍한 유죄라고 말이다. 사람이 진리를 위해 처형될 권리를 갖는지 그가 물었다. 그러나 그리스도께 이것은 다른 문제였다. 그분은 진리이고, 그분의 죽음은 속죄이다. 다른 모든 사람이 유죄판결을 받았던 저 죄를 대신 씻어 온 인류를 구했다. 그는 이것을 이해했다. 그리스도와 관련하여 같은 어려운 충돌이 있다는 것을 이해하고 있을지라도 말이다. 하지만 사람에게 과연 진리를 위해 처형될 권리가 있는 것인가? -Pap. VIII2 B 133:3 n.d., 1847

10 누가복음 23:34, "이에 예수께서 이르시되 아버지 저들을 사하여 주옵소서 자기들이 하는 것을 알지 못함이니이다 하시더라 그들이 그의 옷을 나눠 제비 뽑을새"

11 원고에서;

. . . . 하나님의 의에 관한 교리와 인간의 죄에 관한 교리가 어떻게 속죄의 신비에 응축되는지를. -JP III 2792 (Pap. VIII2 B 133:5) n.d., 1847

12 원고에서;

교리는 속죄를 심사숙고한다. 그리하여 결국 역사적인 것이 유효하다고 여긴다. 교리는 믿는 것을 이해하기를 원한다. 곧, 예수 그리스도가 우리 죄 때문에, 십자가에 달리신 것을 이해하기를 원한다. -Pap. VIII2 B 133:6 n.d., 1847

13 이 말은 아마도 영국의 학자 캔터베리 안셀름이 프롤로그 1장에 쓴 유명한 문장,

"Neque enim quaero intelligere ut credam"을 가리키는 말일 것이다. 안셀름은 프롤로그 1장에 이렇게 썼다: "Neque enim quaero intelligere, ut credam, sed credo, ut intelligam."(나는 믿기 위해 이해하려는 것이 아니라 이해하기 위해 믿는다.)

또한, 다음을 참고하라.

원고에서;

... 보다*

여백에서: *이 사실이 무의미하게 표현될 때

[여백에서 삭제된 것: *불가능한 것, 곧 믿기 시작하는 척하는 것과 같다(바뀐 것: 전념하는)]

삭제된 것: 혹은 오히려 인성을 이해하기보다 신성(divinity)과 인성(humanity)을 함께 믿는다. 바로 이런 이해로 인해, 신성과 인성 사이에 틈이 생긴다. 그리스도의 삶을 믿는 자는 인간적인 면을 이해할 수 없더라도, 필요한 한 가지를 선택했다. 그러나 인간적인 면만을 이해할 수 있는 자는 그리스도와 믿음 모두를 상실했다. -Pap. VIII2 B 137:3 n.d., 1847

14   아마도 고대 그리스의 네메시스(nemesis, 천벌)의 개념, 즉 과도한 재산이나 대담함을 무너뜨려 균형을 맞추는 징벌적 또는 평등적 정의를 암시하는 말일 것이다. 그리스 신화에 나오는 복수의 여신이다. 선악을 구별하는 것 없이 분수를 넘어서는 모든 종류의 '과도함'을 응징한다.

15   고린도전서 13:5, "무례히 행하지 아니하며 자기의 유익을 구하지 아니하며 성내지 아니하며 악한 것을 생각하지 아니하며"

16   이 부분은 키르케고르 사상에서 강조되는 부분으로, 성경에 자주 등장하고 있다. 베드로전서 2:8, "또한 부딪치는 돌과 걸려 넘어지게 하는 바위가 되었다 하였느니라. 그들이 말씀을 순종하지 아니하므로 넘어지나니 이는 그들을 이렇게 정하신 것이라."

17   요한복음 6:15, "그러므로 예수께서 그들이 와서 자기를 억지로 붙들어 임금으로 삼으려는 줄 아시고 다시 혼자 산으로 떠나가시니라."

18   그것은 Wolf. Fragmenter(vom Zwecke Jesu und seiner Jünger, para. 30)에

있는 건전한 관찰이었다. 이 작품은 유대인들이 이 땅의 왕국을 이해했던 방식으로 "하나님 나라"라는 구절을 그리스도께서 사용하신 것을 담고 있다. 그래서 여기에 일종의 애매함이 있다. 그것으로 인해 그리스도는 완전히 다른 개념을 고발하고 있기 때문이다. H. H.가 쓴 두 개의 소론 중에서 첫 번째에서, 우리가 이것을 어떻게 이해할 수 있는지를 나는 글로 나타내 주었다. 그것이 "희생"이라는 이중성의 개념과 한 세트임을 보여 주었다. 실제로 이것이 그분을 대항한 반역의 열정을 선동한 것이다. 왜냐하면 이것은 그가 이 문제를 영적으로 이해했다는 것을 보여주기 때문이다. -Pap. X1 A 411 n.d., 1849

19 이 부분은 요한복음 18장 33~38절을 암시하고 있다. 빌라도가 예수님을 심문한 기록이다. 빌라도가 예수님에게 유대인의 왕인지를 묻자, 예수님은 "내 나라는 이 세상에 속한 것이 아니다. 내 나라가 이 세상에 속한 것이라면 내 신하들이 나를 유대인들에게 넘겨주지 말라고 싸웠을 것이지만, 지금 내 나라는 이 세상에 속한 것이 아니다."라고 대답한다. 빌라도는 예수께 "그러면 당신이 왕입니까?"라고 물었다. 예수님은 대답하셨다. "네 말과 같이 내가 왕이니라. 내가 이를 위하여 태어났으며 이를 위하여 세상에 왔나니 곧 진리에 관하여 증언하려 함이로라. 무릇 진리에 속한 자는 내 음성을 듣느니라."

20 예를 들어, 누가복음 19:37~40을 보라.

21 마태복음 6:24, "한 사람이 두 주인을 섬기지 못할 것이니 혹 이를 미워하고 저를 사랑하거나 혹 이를 중히 여기고 저를 경히 여김이라. 너희가 하나님과 재물을 겸하여 섬기지 못하느니라."

22 이 말은 오실 메시아('기름 부음 받은 자'에 해당하는 라틴어)에 관한 구약성경의 예언을 가리킨다. 신약성경에는 이러한 예언을 로마의 점령 세력으로부터 해방해 줄 지상의 왕을 기대하는 마음으로 해석하는 유대인들의 몇 가지 예가 있다. 로마 점령군, 참조: 요한복음 6:15 및 18:33ff. 또한 침례 요한에게 묻는 유대인들의 질문과 요한복음 1:19~28에 나오는 침례 요한의 대답, 침례 요한이 제자들에게 그리스도에게 "당신이 오실 분이십니까, 아니면 다른 사람을 기대해야 합니까?"라고 질문한 것 등이다. 예언이 구원자를 향한 기대로 해석된 예도 있다. 예: 요한복음 1:19~28, 마태복음 11:3

23 마가복음 15:34, "제구시에 예수께서 크게 소리 지르시되 엘리 엘리 라마 사박다니 하시니 이를 번역하면 나의 하나님, 나의 하나님 어찌하여 나를 버리셨나이까 하

는 뜻이라.”

24   이탈리아계 스페인 항해사 크리스토퍼 콜럼버스(1451~1506)를 말한다. 그는 대
서양을 건너 서쪽으로 항해하여 동쪽의 인도에 도달하려는 계획을 세우고 포르투갈
왕실에 재정 지원을 거듭 요청했지만, 이 논란의 여지가 많은 계획에 많은 오해를 받
은 나머지 굴욕적으로 여러 번 거절당했다. 그런데도 결국에는 지원을 받아 1492년
에 아메리카 대륙을 찾아내고 역사적인 대발견을 이뤄낼 수 있었다.

25   예수님 당시 유대인들은 로마 점령군의 지배를 받고 있었다. 그들은 자기 민족을
군사적으로도 정치적으로도 해방해 줄 메시아가 오실 것이라는 약속으로, 구약을
이해했다.

26   원고에서;

바뀐 것: 하지만 점점 더, 점점 더 자기 절망에 가까워진다. 왜냐하면 그것은 멍에를
뿌리칠 수 없기 때문이다. -Pap. VIII2 B 138:1 n.d., 1847

27   요한복음 18:36, “예수께서 대답하시되 내 나라는 이 세상에 속한 것이 아니니라.
만일 내 나라가 이 세상에 속한 것이었더라면 내 종들이 싸워 나로 유대인들에게 넘
겨지지 않게 하였으리라. 이제 내 나라는 여기에 속한 것이 아니니라.”

28   윌리엄 셰익스피어의 비극 햄릿, 덴마크의 왕자(1600년경), 3막 1장 햄릿의 독백
을 암시하는 것이다.

29   마태복음 6:33, “그런즉 너희는 먼저 그의 나라와 그의 의를 구하라 그리하면 이
모든 것을 너희에게 더하시리라.”

30   요한복음 19:19~22, “빌라도가 패를 써서 십자가 위에 붙이니 나사렛 예수 유대인
의 왕이라 기록되었더라. 예수께서 못 박히신 곳이 성에서 가까운 고로 많은 유대인
이 이 패를 읽는데 히브리와 로마와 헬라 말로 기록되었더라. 유대인의 대제사장들
이 빌라도에게 이르되 유대인의 왕이라 쓰지 말고 자칭 유대인의 왕이라 쓰라 하니
빌라도가 대답하되 내가 쓸 것을 썼다 하니라.”

31   요한복음 4:23, “아버지께 참되게 예배하는 자들은 영과 진리로 예배할 때가 오나
니 곧 이때라. 아버지께서는 자기에게 이렇게 예배하는 자들을 찾으시느니라.”

32   마가복음 15:13, “그들이 다시 소리 지르되 그를 십자가에 못 박게 하소서.”

누가복음 23:21, “그들은 소리 질러 이르되 그를 십자가에 못 박게 하소서 십자가에

못 박게 하소서 하는지라."

33 예를 들어, 요한복음 10:30을 보라. "나와 아버지는 하나이니라 하신대"

34 누가복음 22:41~44를 암시하고 있다.

35 누가복음 13:2, "대답하여 이르시되 너희는 이 갈릴리 사람들이 이같이 해 받으므로 다른 모든 갈릴리 사람보다 죄가 더 있는 줄 아느냐"

36 마태복음 26:53, "너는 내가 내 아버지께 구하여 지금 열두 군단 더 되는 천사를 보내시게 할 수 없는 줄로 아느냐"

37 마태복음 4:7, "예수께서 이르시되 또 기록되었으되 주 너의 하나님을 시험하지 말라 하였느니라 하시니"

38 원고에서;

그분은 고난을 받기 위해 세상에 오셨다.

믿는 자인 나에게 있어 모든 것은 그와 같아, 내가 아무것도 이해하지 못하지만 아주 잘 믿을 수 있다. 그리스도가 하나님의 아들, 거룩하신 분, 진리임을 내가 확실히 믿는 만큼, 나에게 실족은 없다. 비록 그분이 진리를 어느 정도 타협할 수 있었고, 비진리, 즉 진리이기를 포기하고 구속당하지 않음으로써 죽음을 막을 수 있었음에도, 자유롭게 죽음의 고난을 선택하셨지만, 거기에는 아무런 죄책도 없다는 것에 실족이 없다는 것이다. 사람들은 흔히 그리스도의 고난과 죽음에서 이런 자유의 요소를 무시하고 그 모든 것을 단지 사건으로 간주한다. 그러나 이런 식으로 그리스도의 존엄이 낮아진다. 그분이 영원부터 자기 죽음을 자유롭게 결정했기 때문에, 그의 죽음도 자유롭게 참여하고 있다. 그런데도 이것 때문에, 죄책이 전혀 없는 것, 다시 말해, 전적으로 거기에 죄 없이 존재하는 것이다.—Pap. VIII2 B 133:8 n.d., 1847

39 이 표현은 신약 성서에 나와 있는 표현을 사용한 것이다. 다음 예를 참고하라. 고린도후서 5:17, "그런즉 누구든지 그리스도 안에 있으면 새로운 피조물이라 이전 것은 지나갔으니 보라 새것이 되었도다."

40 영광스러운 사람들: 기독교 초기에 신앙과 고백으로 인해 박해와 처형을 당한 순교자들을 일컫는 용어이다.

41 아타락시아(ataraxia): 마음의 평정, 평온함을 뜻한다. 아타락시아는 에피쿠로스, 냉소주의자, 스토아학파, 회의론자 등 그리스와 헬레니즘 철학자들의 위대한 덕목

이다.

42 빌립보서 2:12, "그러므로 나의 사랑하는 자들아 너희가 나 있을 때뿐 아니라 더욱 지금 나 없을 때도 항상 복종하여 두렵고 떨림으로 너희 구원을 이루라."

43 사형을 도구 삼아 진리를 받아들이도록 강요하는 것: 아마도 키르케고르는 로마 가톨릭교회에서 행해졌던 종교재판을 지칭할 수 있다. 심문 과정에서 그 사람의 정통성을 판단했다. 어떤 경우에는 당국에 의해 사형이 집행되기도 했다.

44 마음을 간파했던 그분: 누가복음 16장 15절에서 예수님께서 바리새인들에게 "너희는 사람 앞에서 스스로 옳다 하는 자들이나 너희 마음을 하나님께서 아시나니"라고 말씀하신 것을 가리킨다. 또한 사도행전 1장 24절에 "뭇사람의 마음을 아시는 주여"라는 기도가 나온다.

45 이 문장은 "미덕은 지식이다."를 암시하고 있다. 소크라테스의 이 문장은 플라톤의 여러 대화편에 나오는데, 예를 들어 프로타고르스(351e-357e)를 참고하라. 여기에서 소크라테스는, 참된 지식을 얻은 사람은 자신의 지식이 열정 등에 의해 무시되는 것을 허용할 수 없으며, 잘못된 행동을 선택하는 사람은 자신의 무지를 드러낼 뿐이라고 주장한다.

소크라테스와 관련한 키르케고르 작품은 다음을 참고하라. Sickness unto Death, p. 87-96, KW XIX (SV XI 199~207).

46 요한일서 5:19, "또 아는 것은 우리는 하나님께 속하고 온 세상은 악한 자 안에 처한 것이며"

47 이하의 구절은 다음을 참고하라. 원고에서;

그러나 그리스도는 개인의 사람으로서 자기 자신 및 다른 사람들과 관계하는 것이 아니라, 본질인 존재로서의 자기 자신 및 인류 전체와 관계하고 있으므로, 인간이 악하다는 것은 언제나 더욱 강하게 나타난다.

내가 청결하고 거룩하기에 세상을 감히 악하다고 부르는 그날, 나 역시도 사형선고를 받는다. 진리를 위해 처형당하는 일이 사람들에게 아무리 큰 관심을 불러일으킨다 해도, 내가 그 정도가 되지 않은 한에는 그것은 사소한 일일 뿐이다.

주의: 이 구절에서의 어조가 너무 불경하다. -Pap. VIII2 B 133:11 n.d., 1847

48 원래 "두음 전환"이라는 의미이지만 덴마크어 "bakke snagvendt"을 "snakke

bagvendt"으로 바꾸면 "거꾸로 말하다"라는 의미이다.

49   이하의 구절은 다음을 참고하라.

건덕적 강화 VI에 있는 뒤에서 상처를 주는 생각에서

학생이 선생에게 얻어맞으려는 순간, 고통을 조금이라도 줄이기 위해서 선생 모르게 수건을 바지 속에 넣는 것처럼, 우리 시대 율법의 설교자는 남모르게 다른 모습으로 계속 바꾸어 가면서, 그때마다 늘 좋은 이유를 들어 회중에 도움을 준다. 하지만 그는 지금 그렇게 벌을 받는 것이다. 건덕을 위해, 만족과 회중의 기쁨을 위해서 말이다. 좋은 이유를 위해서이다. 왜냐하면 학생들의 경우에, 때리는 선생과 관련해서는 어떤 위험도 존재하지 않지만, 진실로 율법의 선생이 되는 것은 때리는 것(slaa)뿐만 아니라 자기 자신까지도 때리는 것을 의미하기 때문이다. 그렇다. 여기에서 개념은 뒤집힌다(slaaer)! 율법의 설교자가 더 얻어맞을수록, 그의 상태는 더 좋아진다.

따라서, 말하자면 율법의 설교자가 된 자는 실제로 누구도 감히 때릴 수 없다. 왜냐하면 그는 다음과 같은 사실들을 너무나 잘 알고 있고 또한 너무도 잘 이해하기 때문이다. 그의 앞에 있던 사람들이 아이들이 아니었다는 것. 다른 사람들, 그가 때려야 하는 다른 사람들은 더 강한 자들이었다는 것. 순간의 열정을 향한 그들의 봉사 정신 때문에 박수갈채를 받고 명예와 존경을 얻는 사람들 역시 강한 자였다는 것. 그들은 실제로 반격할 것이다. 아마도 그를 처형할 것이다. 위대한 율법 설교자가 되는 것이란 다름 아닌 처형당하는 것이니까 말이다. 따라서 율법의 설교자는 자기 자신을 설교단에서 때리는 일로 제한을 둔다. 이런 식으로 그는 우스꽝스러운 목적을 달성한다. 모든 괴물 가운데 가장 우스꽝스러운 괴물이 된다. 율법의 설교자, 그는 박수갈채를 받고 존경을 받고 명예도 얻는다! -JP I 647 (Pap. VIII1 A 564) n.d., 1848

50   이 말은 원래 Ludvig Holberg의 코미디 "술집(Barselstuen, 1724년)" 제2막 7장과 8장에 등장한다고 한다. 여기에서 이 말은 학교 교사가 사용하고 있다. 그는 다음과 같이 한 여성을 위해 소원하고 있다. "허브 밭에 심은 작고 맛있는 첫 번째 식물은 사랑하는 부모님의 기쁨과 만족과 즐거움을 위해 기르고 가꾸어야 하죠."

다음 자료를 참고하라. Den danske Skue-Plads bd. 1-7, Kbh. 1758 el. 1788 [1731-54], ktl. 1566-1567; bd. 2

51   헤겔적 용어를 유머러스하게 사용한 것이다. 즉, 사변적 논리에서 이성의 변증법

적 본질에 따라 개념이 어떻게 그 반대를 '반전'하여 차이와 유사성을 모두 포함하는 더 풍부한 통일성 속에서 진리가 나타나는지를 나타낸다.

52   고린도전서 9:26, "그러므로 나는 달음질하기를 향방 없는 것 같이 아니하고 싸우기를 허공을 치는 것 같이 아니하며"

53   다음을 참고하라. Fragments, 20-21, KW VII (SV IV 190).

54   1767년 12월 18일의 판례(ordinance)에 따르면, 고단한 삶에 지친 나머지 사형에 해당하는 살인죄를 범한 범인은 즉시 사형당하지 않고 평생 족쇄에 묶인 채 노동해야만 하는 형에 처했으며 과거에 살인을 저질렀던 날마다 공개적으로 채찍에 맞았다. 이 판례는 1833년에 폐지되었다고 한다.

55   시대의 요구: 자유주의자들과 그룬트비히주의자들이 정치적 또는 교회적으로 변화할 것에 요구했던 것과 관련해 자주 사용되는 문구이다. 또한 J.L. Heiberg에서도 이 표현은 자주 등장하는데, 예를 들어 다음을 보라. Om Philosophiens Betydning for den nuværende Tid, Kbh. 1833, ktl. 568, p. 52f.

56   예를 들어, 다음을 보라. Two Ages: The Age of Revolution and the Present Age, A Literary Review, p. 7-12, KW XIV (SV VIII 8-12).

57   다양성, 불일치를 의미함.

58   다음을 참고하라. 원고에서;

[삭제된 것: 3. 폭군이 살았던 시대나 '시대'라는 개념이 거만하게 군주 노릇을 하는 시대에, 단독자는 아무것도 아니라고 내가 자만하며 상상한다면, 그것은 뭔가 다른 것이다. 그런 시대에 내가 내 생각을 세우려 한다면, 그것은 뭔가 다른 것이다. 진리 안에서 순교자가 된 사람은 더 강한 자였다는 것, 폭군보다 더 강하고, 그를 처형할 만큼 충분히 강하거나 혹은 약했던 수천 명의 사람보다 더 강한 사람임을 보여주는 내 생각 말이다. 그를 처형하도록 강요한 것은 바로 그 사람, 그를 처형할 때 정확하게 강요한 것은 바로 그 사람이었다. 내가 이것을 구체적으로 보여주는 내 생각을 세울 수 있다면 그것은 뭔가 다른 것이다. 내 생각에는 이것은 유익한 풍자가 될 수 있다. 그건 그렇고, 이 영향은 이상할 수 있다. 왜냐하면 폭군이나 '시대'가 인간은 진리를 위해 처형당할 수 없다는 논리를 옹호했던 바로 그 사람을 처형하는 것보다 더 큰 충격을 줄 수 있는 것은 없을 것이기 때문이다.]

3. 다른 측면에서…

—Pap. VIII2 B 139:3 n.d., 1847

59   원고의 여백에서;

그를 처형한 사람들은 자신들이 하나님을 섬기는 일을 하고 있다고 생각했다.

—Pap. VIII2 B 133:17 n.d., 1847

60   원고에서;

삭제된 것: (비길리우스 하우프니엔시스의 불안을 보라.)

— Pap. VIII2 B 139:4 n.d., 1847

61   누가복음 16:15, "예수께서 이르시되 너희는 사람 앞에서 스스로 옳다 하는 자들이나 너희 마음을 하나님께서 아시나니 사람 중에 높임을 받는 그것은 하나님 앞에서 미움을 받는 것이니라."

62   원고에서 삭제된 것;

누군가 진리를 위해 자기 목숨을 희생할 용기를 가진다고 그들은 생각한다. 그들은 사람과 다른 사람들 사이의 관계가 순수하게 외재적인 것으로 여긴다. 각자는 자기 편에 있다: 처형당해야 할 사람, 그를 처형해야 할 사람들이다. 나는 누군가 용기가 있는지를 생각함으로 시작하고 그가 권리가 있는지를 묻는다. 나는 다음으로 희생되어야 할 것은 자유의 행위라고 생각한다. 따라서 희생당하는 자는 완전히 다른 의미에서 그의 죽음에 참여한 자다.

나의 대답은 이렇다: 오직 같은 정도로만, 다른 사람들과의 관계에서 사람이 감히 다른 사람들보다 더 많은 진리를 갖고 있다고 생각하는 것처럼, 오직 같은 정도로만 그는 다른 사람들이 그에게 죄를 범하게 할 수 있다. 진리를 위해서. 다른 사람들과 관련해서 어떤 사람도, 그리스도인과 관련해서 어떤 그리스도인도, 감히 절대적으로 진리를 갖고 있다고 생각할 수 없다. 따라서 그는 감히 절대적으로 진리 안에 있기 위한 절대적 표현을 사용할 수 없다. 곧, 그는 다른 사람들이 자신을 죽이는 죄를 범하게 할 수 없다.

— Pap. VIII2 B 133:18 n.d., 1847

63   누가복음 23:34, "이에 예수께서 이르시되 아버지 저들을 사하여 주옵소서. 자기들이 하는 것을 알지 못함이니이다 하시더라. 그들이 그의 옷을 나눠 제비 뽑을 새"

64 이하의 구절은 다음을 참고하라.

이미 언급한 대로, 이것은 "짧은 요약 속에 있는 이 사람의 수많은 생각들"이다. 모든 것이 소설이기 때문에 독자는 분명히 내가 이것에 관해 아무 말도 하지 않는 것이 적절하다는 것을 알게 될 것이다. 소설이기 때문에 나는 실제로 한 가지를 다른 것과 똑같이 말할 수 있고, 내가 원하는 것을 정확하게 말할 수 있고, 그가 모자를 썼다고 말할 수 있고, 그가 키가 크고, 중간 체격에, 갈색 눈과 검은 머리카락을 가졌고, 현실의 상황에서 여권 사무원에게 관심이 있는 종류의 말을 알 수 있다. 또 다른 측면에서, 나는 모든 것이 소설이라는 점에서 그의 삶, 그가 어떻게 지냈는지, 그가 세상에서 어떻게 되었는지 등에 대해 내가 원하는 것을 정확하게 말할 수 있다. 그러나 내가 시인이라고 해서 내가 원하는 것을 말할 수 있는 시인의 절대적인 힘이 있다고 해서 독자를 즐겁게 하지 않기 위해 모든 면에서 아무 말도 하지 않을 것이다. 그러나 사실 나는 자신의 이름을 거의 잊어버릴 뻔했다. 결국 그는 죽었다.—제목 페이지에 "사후 작품(유작)"이라고 쓰여 있다. 그가 결국 땅에 묻혔는지는 알 수 없지만 나는 그럴 가능성이 상당히 높다고 가정한다. [삭제됨:그리고 그는 가족을 남기지 않았다. 제목 페이지에 고독한 인간이라고 적혀 있다)—Pap. VIII2 B 139:5 n.d., 1847

1번 소론("두 개의 윤리-종교적 소론")에 대한 후기 전체는 생략하는 것이 좋다. 사실 그것은 많은 말도 안 되는 일에서 나와 관련이 있다. 만약 내가 그것을 "시적 모험"이라고 부른다면, 나는 다음 호흡에서 소설적인 것과 시적인 것이 시시하다고 말할 권리가 없다. 그 후에 내가 본질적으로 사상가라고 선언한다면, 시적 형식에 어려움이 있다.

제목 페이지에 시적 모험—고독한 사람의 유작으로 충분하다.

[여백에: 그러나 아니, 그대로 두라]—Pap. X1 A 337 n.d., 1849

65 이 부분은 다음을 참고하라. 232-33, 226쪽, pap. X1 A 305-08, X5 B 10:18

여백에서: 주의

이 소론에 관한 것: 사람은 진리를 위해 처형당할 권리가 있는가?

이 소론("사람은 진리를 위해 처형당할 권리가 있는가?")에서 제시된 충돌은 지적·윤리적 충돌이다. 예를 들어, 어떤 사람에게 범죄를 저지르도록 강요하거나 불법적인 일을 하도록 강요하는 것은 다른 문제이다. 이 충돌은 사상가와 세상 및 사람과의 충돌이다. 지적인 것을 명확하게 보여주기 위해 이 관계가 이교도/크리스천일 때, 진리를 위해 처형당할 권리가 있음을 인정한다. 그러나 크리스천/크리스천의 관계에서는 기본적인 진리가 그들에게 공통적이어야 하고, 그 결과 지성의 차이가 더욱 강하게 드러나야 하는데, 거기서 그는 그럴 권리를 거부당한다.—Pap. X1 A 305 n.d., 1849

여백에서: 주의

이 소론에 관한 것: 사람은 진리를 위해 처형당할 권리가 있는가?

이 소론("사람은 진리를 위해 처형당할 권리가 있는가?")이 완전히 유머러스한 맥락에서 끝나야 한다면, H.H.의 마지막 덧붙임이 다음과 같을 것이다.

그리고 누가 저 사람에게 그렇게 많은 문제를 일으키거나 일으켰는지에 대한 질문에 관해, 내 대답은 간단하다. 오, 아니, 인간에게 확실히 그럴 권리가 없다!—Pap. X1 A 306 n.d.,1849

[여백에서: 상동]

소론의 마지막에 H.H.의 작은 유머러스한 반전(사람은 진리를 위해 처형당할 권리가 가지는가?)이 남아 있어야 하는 이유는 단순히 진지함을 위해서다. 시적인 글은 자신을 진지함이라고 착각하고 독자에게 그 인상을 유지하려고 노력한다. 시적인 글에서 진지하지 않은 것은 바로 이런 부분이다. 마지막에 나오는 유머러스한 반전은, 시적 작품이 결코 진지함이 아니라는 의식을 구체적으로 드러낸다. 오직 현실만 그렇다. 그런 것을 시적으로 표현하는 것은 농담에 가깝고, 진지함은 그렇게 되는 것이다. —Pap. X1 A 307 n.d., 1849

Pap. X1 A 307의 여백에서;

이것은 부분적으로 과장이고, 엄격주의이다. 더욱이 가명은 그들과 같지 않고 오래된 가명을 너무 연상시킨다. 따라서 전체 구절을 삭제할 수 있다. 만약 거기에 비슷한 것이 있다면, 그것은 유머가 아니라 단순히 파토스와 관련한 몇 마디이어야 한다. —Pap. X1 A 308 n.d., 1849

천재와 사도의 차이

1847년

본질적으로 기독교적인 것을 혼란에 빠뜨리기 위해, ¹'잘못된' 주석과 사변적 사상이 무엇을 했을까요? 혹은 그들이 어떤 수단으로 본질적으로 기독교적인 것을 혼란에 빠뜨렸을까요? 정확하면서도 아주 짧게 말하자면, 이와 같습니다: 그들은 역설적—종교적 영역을 심미적인 영역으로 옮겨 버렸습니다. 그로 인해, 다음과 같은 결과를 이룩했습니다. 모든 기독교적인 용어는 그 영역에 남음으로 질적인 범주인바, 지금은 축소된 상태에서 온갖 것을 의미하는 멋진 표현으로 봉사할 수 있습니다.²

* 게다가, 잘못은 이단뿐만 아니라 일반적으로 과잉 정통주의(Hyper-Orthodoxiens)³와 무분별한 것도 포함합니다.

역설적—종교적 영역이 완전히 제거되거나 혹은 심미적인 것으로 회귀되어 설명될 때, 사도는 천재 그 이상도 이하도 아닙니다. 기독교와 작별을 고해야 합니다. 탁월성(Brilliance, Aandrghed)과 정신(spirit, Aand, 영), 계시와 독창성, 하나님께 받은 소명과 천재성, 사도와 천재, 이 모든 것은 같은 것으로 끝나고 맙니다.

잘못된 학문이 이런 방식으로 기독교를 혼란에 빠트렸습니다. 학문에서 시작된 혼란은 슬며시 설교(det religieuse Foredrag)⁴로 들어왔습니다. 학구적이면서도 순진한 믿음(bona fide)에 빠지고 난 나머지, 기독교를 도리어 악용하는 목사들의 이야기를, 우리가 어쩌다 한 번 듣는 것이 아닙니다. 고상한 어조로 사도 바울의 탁월성, 심오함, 화려한 은유와 같은 것들을 말합니다. 한 마디로 순수 미학(sheer esthetics)입니다.

바울을 천재로 여기는 것이, 정작 그에게는 별로 좋아 보이지 않습니다. 오직 목회적인 무지(pastoral ignorance)만이, 바울을 심미적으로 찬양해야 한다는 생각을 합니다. 목회적 무지는 어떤 표준도 없으면서 이렇게 생각하기 때문입니다.

"바울에 관해 좋은 것만 말한다면, 그것은 괜찮아."

그런 부드러운 생각과 선의로 행한 무분별(thoughtlessness)은 질적 변증법(qualitative dialectic)으로 훈련을 받지 않았기 때문에 생깁니다. 질적 변증법은 무분별이 옳지 않을 때, 좋은 것을 말한다고 해서 사도가 도움받는 것이 아님을 가르칩니다. 그때 사도는 본질적으로 있는 모습 그대로가 아닌, 다른 어떤 시시한 것이 되므로 사람들에게 인정을 받고 찬사를 듣습니다. 원래의 사도의 모습은 잊힙니다. 이런 무분별한 웅변(thoughtless eloquence)이 사도 바울을 문장가이자 말의 예술가라고 찬양하려 합니다. 한술 더 떠, 장사를 했다고 알려진 바울이[5] 만든 텐트를 작품이라 부르며, 이후의 어떤 직물 장인(tapestry maker)도 이토록 완벽한 걸작을 만들지 못했다고 주장하는 것입니다.

바울에 관해 좋은 것만 말한다면 모든 것은 괜찮습니다. 천재로서 바울은 플라톤이나 셰익스피어와 비교당하는 것도 견딜 수 없습니다. 아름다운 은유 작가로서 오히려 낮게 평가받았습니다. 문장가로서 바울의 이름은 전혀 알려지지 않았습니다. 한편, 직물 장인으로서 바울은 얼마나 높은 평가를 받을지, 나는 잘 알지 못한다고 말해야 합니다.

보십시오, 둔감한 진지함(obtuse earnestness)을 농담으로 바꾸는 것은 언제나 가장 좋습니다. 그때 진지함이, 바울이 사도라는 진지함이 나타납니다. 사도로서 바울은 플라톤, 셰익스피어, 문장가, 직물 장인, 그 누구와도 닮지 않았습니다. 그들 모두(셰익스피어와 직물 장인 한센(Hansen)뿐만 아니라 플라톤까지)는 바울과 어떤 비교도 할 수 없습니다.

천재와 사도는 질적으로 다릅니다. 각자는 각자의 영역에 속하는 질적 규정입니다: **바로, 내재(immanence)와 초월(transcendence)입니다.**

(1) **천재는 앞으로 나타날 새로운 것을 가져올 수 있습니다. 그러나 이것은 "천재"라는 차이가 영원을 생각하자마자 사라지듯, 결국 인류의 일반적인 동화작용으로 사라집니다. 반면, 사도는 앞으로 나타날 것 중에 역설적으로 새로운 것을 가져올 수 있는데, 이것은 본질적으로 역설적이면서, 인류 발전에 관한 기대가 아니기 때문에, 사도는 영원히 사도로 남듯이, 이 새로움 또한 계속 남습니다. 영원에 내재하는 어떤 것도 사도를 본질적으로 모든 사람과 동일선상에 놓지 못합니다. 본질적으로, 역**

설적으로 사도는 다르기 때문입니다.

(2) 천재는 그 자체로 존재합니다. 다시 말해, 자기 안의 모습 그대로입니다. 이에 반해 사도는 거룩한 권위(sin guddommelige Myndighed)로 존재합니다.

(3) 천재는 내재적 목적론을 갖고 있을 뿐이지만, 사도는 목적론적으로 절대적 역설(absolut paradoks)입니다.

1. 모든 사고(thinking)는 내재(immanence) 안에서 숨을 쉬지만, 역설과 믿음은 분리된 질적 영역을 구성합니다. 내재적으로, 인간으로서(qua) 사람들 사이 관계에서, 본질적이고 영원한 사고(thinking)에서 모든 차이는 사라집니다. 순간적으로 유효하나, 영원이 갖는 본질적 평등에서는 본질적으로 사라집니다. 단어 자체에서 내포하듯이, 천재는 직접성이면서 타고난 능력입니다. (ingenium, 타고난 것, 원시성(primus), 독창성(origo),[6] 신선성 등)

천재는 태어납니다.[7] 자기의 보기 드문 능력을 하나님께 맡겼는지 그렇지 않았는지에 관한 질문이 있기 오래전부터, 천재는 이미 천재이고, 그렇게 하지 않을지라도 천재입니다. 천재성으로 변화가 생길 수 있습니다. 잠재적으로(κατά δυναμιν) 발전하는 것이 가능합니다. 그리하여 자신이 가진 것을 의식적으로 인식하는 변화가 찾아올 수 있습니다.

"역설"이라는 표현이 천재가 가져와야 하는 새로운 것을 나타내기 위해 사용되는 한, 이 역설은 일시적 역설의 비본질적 의미에서만, 역설적인 것으로 응축되는 기대의 비본질적 의미에서만 사용될 뿐입니다. 하지만 결국 이것도 사라지고 맙니다. 천재는 첫 번째 전달 과정에서 역설적일 수 있습니다. 그러나 더 정신 차릴수록, 역설적인 것은 더욱 사라집니다. 아마도 천재의 시대는 자기 시대보다 한 세기 정도 앞설 수 있습니다. 따라서 역설이 나타날 수 있습니다. 하지만 인류는 한 때 역설적인 것을 결국 동화시키고 맙니다. 이런 식으로 역설은 더 이상 역설이 아닙니다.

사도의 경우에는 사정이 전혀 다릅니다. 이 단어는 그 자체로 차이를 나타냅니다.[8] 사도는 태어나지 않습니다. 사도는 부름을 받은 자이고, 하나님에 의해 임명받은 자입니다. 사명을 위해 그분에 의해 보냄을 받은 자입니다. 사도는 자기의 잠재적인 모습으로 변화하기 위해 점점 발전하는 것이 아닙니다. 사도가 되기 전에 잠재적 가능성이 존재하는 것이 아닙니다.

인간은 누구나, 본질적으로 똑같이 사도가 되는 길에 가까이 있습니다. 일생 가운데 한 요소로서 사도적 소명을 깨닫는 방식으로 정신을 차리는 것이 아닙니다. 사도적 소명이란 역설적 사실입니다. 인생에서 첫 번째이자 최후의 순간에, 이 사실이 자기의 개인적 정체성 밖의 특별한 사람을 역설적으로 나타냅니다.

아마도 오래전에 분별의 시대에 도착했습니다. 그때 사도로 불립니다. 이런 부름으로 인해, 그는 더 이상 지적이지도 않았습니다. 더 풍부한 상상력, 더 좋은 분별력과 같은 것들을 얻지도 않았습니다. 전혀 말입니다. 자기 자신으로 남았으나 역설적 사실에 의해, 또한 특별한 사명을 위해, 하나님께 보냄을 받았습니다. 이런 역설적 사실에 의해, 사도는 영원히 역설적으로 다른 모든 사람과 다르게 되었습니다.

사도가 선포해야 하는 새로운 것은 본질적으로 역설적입니다. 세상에서 아무리 오래 전에 선포되었다 해도, 본질적으로 똑같이, 또한 새롭게 남습니다. 역설적인 것처럼 말입니다. 어떤 내재도 이 역설을 동화시킬 수 없습니다. 동시대인들보다 앞서는, 타고난 재능으로 구별된 사람처럼 행동하지 않습니다. 우리가 단순한 사람이라고 부른 자였을지 모르지만, 이런 새로운 것을 역설적 사실로 선포하기 위해 소명을 받은 자입니다.

우리가 사상(thought)을, 스스로 교리를 동화시킬 수 있는 능력자로 아무리 여긴다 해도, 교리가 세상에 들어온 방식(the way, 길)을 동화시킬 수 없습니다. 본질적 역설이란, 특별히 내재에 대한 저항이기 때문입니다. 그러나 그런 교리가 세상에 들어온 방식(the way, 길)은 특별히 질적으로 결정적입니다. 이 방식(the way, 길)은 기만이나 무분별을 통해서만 무시될 수 있습니다.

2. 그에게서 발견된 내용, 특별한 중대함에 의해, 천재는 순수하게 미적으로 평가를 받습니다. 반면, 거룩한 권위를 가지므로 사도는 존재합니다. **거룩한 권위**(divine authority)**란 질적으로 결정적인 것입니다.** 내가 결론에 도착하거나 혹은 도착 가능한 것은, 미적으로나 철학적으로 교리의 내용을 평가함에 의한 것이 아닙니다.

따라서(ergo) 이 교리를 전달했던 자는 계시로 부름 받은 자입니다. 따라서(ergo) 사도입니다. 그 관계는 정반대입니다: 계시로 부름을 받은 자, 그에게 교리가 위임됩니다. 그 토대에서 교리가 계시라는 주장을 합니다. 그 토대에서 그가 권위를 갖는다고 주장합니다.

바울이 탁월하므로, 혹은 비할 데 없이 탁월하기 때문에 내가 그의 말을 듣는 것이 아니라, 거룩한 권위를 지니기 때문에 그에게 복종합니다. 어떤 경우에도, 누군가 그에게 복종하든 말든, 그런데도 반드시 이런 인상을 만들어야 하는 것은 자기 책임이어야 합니다.

바울은 자기의 탁월성을 의지하지 말아야 합니다. 오히려 바보가 되기 때문입니다. 교리 내용에 관해, 순수하게 심미적이거나 철학적인 논의와는 엮이지 말아야 합니다. 정신이 딴 데로 팔리기 때문입니다.

아니, 자기의 거룩한 권위를 의지해야 합니다. 명확히 이 권위를 통해, 기꺼이 목숨을 희생하고 다른 모든 것을 희생하는 반면, 교리의 형태와 내용에 관한 모든 부적합하고, 미적이고, 철학적이며, 피상적인 관찰을 막을 수 있습니다.

아름다운 은유의 도움을 받아 자신과 그 교리를 추천하지 말아야 합니다. 오히려 확실하게 개인에게 다음과 같이 말합니다.

"모습이 아름다운 것과 케케묵은 구식 사이에 아무런 차이가 없습니다. 내가 말한 것은 계시로 나에게 위임되었다는 것을, 당신은 고려해야 합니다. 말하고 계신 분은 하나님이거나, 주 예수 그리스도이십니다. 건방지게 그 형태를 비판하는 것에 관련되지 말아야 합니다. 당신이 순종하도록, 내가 감히 당신을 그렇게 강요할 수 없습니다. 다만 하나님과 당신 양심의 관계 안에서, 당신이 순종하도록 강권합니다. 이 교리와 맺는 당신의 관계에, 당신이 영원히 책임을 지도록, 내가 할 것입니다. 이 교리가 내게 계시된 것으로 선포함으로써 말입니다. 따라서 나는 이 교리를 거룩한 권위로 선포했던 것입니다."

<u>권위는 질적으로 결정적인 것입니다.</u> 혹은 내재적인 차이가 사라진다 해도, 인간 삶의 상대성 안에서도, 왕의 명령과 시인과 사상가의 말 사이에, 어떤 차이도 없는 것인가요? 이것을 제외하고 무엇이 차이인가요? 곧, 왕의 명령에는 권위가 있기에, 그 형태와 내용에 관해, 모든 심미적이고 비판적인 무례함(impertinence)을 금지한다는 것입니다.

반면, 시인과 사상가는 어떤 권위도 갖지 않습니다. 이런 상대성 안

에서조차도 말입니다. 그들의 말과 행동에 있어 형태와 내용을 평가함으로써, 순수하게 미적으로나 철학적으로 평가를 받을 뿐입니다. 그러나 이것 말고, 본질적으로 기독교적인 것을 급진적으로 혼란에 빠트리는 것으로, 다른 무엇이 있단 말인가요? 그것은 바로, 우리가 의심할 때, 무엇보다 먼저, 신의 존재가 불확실해진다는 것입니다. 그때 모든 권위에 저항하며, 어떤 권위가 존재했는지 망각하며, 그 권위의 변증법을 잊습니다.

자기가 왕임을 물리적으로 확신시킬 수 있도록, 왕은 물리적으로 존재합니다. 더욱 필요하다면, 왕은 자기의 존재 사실을 물리적으로 확신시킬 수 있습니다. 그러나 하나님은 그런 방식으로 존재하지 않습니다. 권위가 없는 이런 모든 사람을 하나님과 같은 수준에 놓도록, 의심이 이를 활용했습니다. 천재나 시인, 사상가와 같은 수준입니다. 그들의 언행은 단순히 미적으로만, 철학적으로만 평가를 받습니다. 적절히 말한다면, 그때 그 사람은 천재입니다. 그러나 예외적으로, 또한 극단적으로 말한다면, 그것을 말하시는 분은 하나님입니다!

실제로 이런 방식으로 하나님은 밀반출되었습니다. 그러면 사람은 무엇을 해야 하나요? 길 가던 사람을 하나님께서 멈추신다면, 계시로 부르신다면, 거룩한 권위를 갖고 다른 사람들을 세우도록 보내신다면, 그때 사람들은 이렇게 물을 것입니다.

"당신은 어디에서 왔습니까?"

그는 대답합니다.
"하나님께로부터 왔습니다."

그러나 보십시오. 하나님은 왕의 물리적인 방법으로 사도의 선교를 도울 수 없습니다. 왕이라면, 호위병이나 경찰을 보낼 수 있습니다. 혹은 모든 사람이 알아볼 수 있는 반지나 서명을 보낼 수도 있습니다. 그러나 하나님은, 사도에게 물리적 확실성을 공급하는 방식으로 도울 수 없습니다. 진실로 이것이야말로 말이 안 됩니다.

사도가 이 재능(gift, 은사)을 갖게 되지만,[9] 심지어는 기적조차도 아무런 물리적 확실성을 줄 수 없습니다. 기적은 믿음의 대상이기 때문입니다. 게다가, 사도가 '물리적' 확실성을 획득하는 것은, 마치 하나님의 존재가 '물리적' 확실성을 획득하는 것만큼이나 말이 안 됩니다. 하나님은 '영(spirit)'이시기 때문입니다. 그래서 사도가 하나님께로부터 왔다고 말할 때, 다른 사람들이 이렇게 말했던 것입니다.

"자, 당신이 가르친 내용이 거룩한(divine) 것인지 살펴봐야겠군요. 그 때에만 우리가 그것을 받아들일 것입니다. 그것이 당신한테 계시되었다는 것 또한 그때 받아들일 것입니다."

이런 방식으로 하나님과 사도는 속았습니다. 소명을 받은 자(the one called)의 거룩한 권위는 특별히 교리를 보호하는 확실한 방패가 되어야 합니다. 이 권위는 거룩한 것이 갖는 아주 멀리 떨어진 거리로, 무례함으로부터 교리를 지켜야 합니다. 그러나 오히려 교리의 내용과 형태를 검토하고 면밀히 조사하여, 이 교리가 계시인지 아닌지에 관한 결론에 이를 수 있어야 합니다.

그러는 동안, 하나님은 사도와 함께 문 앞에서 기다려야 할지도 모릅니다. 아니면 2층에 있는 지혜로운 자들이 이 문제를 결정할 때까지, 문지기와 함께 기다려야 합니다. 하나님과의 규정(stipulation)에 따르면, 소명을 받은 자는 거룩한 권위를 활용해야 합니다. 순종하지 않으면서 수다스러울 뿐인, 모든 무례한 자를 쫓아내기 위해서 말입니다. 사람들을 움직이려 하는 대신에, 사도는 새로운 교리를 시장에 내놓은 조사관으로 바뀝니다.

¹⁰그때 권위(authority, Myndighed)란 무엇인가요? 교리의 심오함인가요? 아니면 탁월성인가요, 혹은 휘광인가요? 이런 것들이 전혀 아닙니다. 예를 들어, 권위가 두 번째 능력이거나 중복된(doubled, redupliceret)¹¹ 것으로 교리의 심오함만을 의미한다면, 거기에는 어떤 권위도 없습니다. 만일 배우는 자가 이해하여, 완전하고도 완벽하게 이 교리를 사용한다면, 당연히 선생과 배우는 자 사이에 더 이상은 어떤 차이도 없습니다. 하지만

권위란, 변하지 않고 남는 것입니다. 교리를 완전히 이해했다고 얻을 수 있는 것이 아닙니다.

권위란 다른 어디에서 들어오는 특별한 특성(specific quality)**입니다. 진술이나 행위의 내용이 미적으로 무관심한 문제가 되었을 때, 자신을 질적으로 명확하게 주장하는 특별한 특성입니다.**

가능하면 단순하게 예를 하나 들어봅시다. 그 관계는 분명합니다. 권위 있는 자가 "가라!"라고 말할 때와, 권위 없는 자가 "가라!"라고 말할 때, "가라!"라는 언행과 그 내용은 동일합니다. 미적으로 평가를 받는다면, 이것은 같은 말에 불과합니다. 그러나 권위가 차이를 만듭니다. 권위가 이질적인 것(the other, το έτερον[12])이 아니라면, 단지 동일성 안에서의 어떤 강화만을 나타낸다면, 거기에는 어떤 권위도 존재하지 않습니다.

예를 들어, 누군가의 존재를 그 스승이 열정적으로 의식하고, 스승이 선포한 교리를, 제자가 모든 것을 희생하면서까지 표현하고 있고 또 표현했었다면, 이런 의식이 제자에게 확실하고도 굳건한 정신(spirit)을 줄 수는 있지만, 권위를 부여하지는 않습니다. 교리의 정확성을 증명하는 제자의 삶은 이질적인 것(το έτερον)이 아니라, 단지 중복(redoubling)에 불과합니다. 제자가 교리를 따라 살았지만, 그 삶까지 옳았다는 것을 입증해 주지는 않습니다. 다만 교리가 옳다고 확신했기 때문에 따라서 산 것입니다. 또 하나 예를 들자면, 경찰이 악인이든 의인이든 관계없이 근무를 시작하자마자 경찰의 권위를 갖습니다.

권위의 개념을 더 분명하게 설명하기 위해서, 역설적—종교적 영역은 아주 중요합니다. 나는 권위의 변증법(the dialectic of authority)을 알아볼 것입니다. **내재의 영역에서, 권위는 감히 생각할 수 없습니다. 혹은 권위는 단지 일시적인 것으로만 여길 수 있습니다.***

---

*13어떤 독자들에게는 내게 일어난 일이 그대로 여기에서 일어날 수 있습니다. "권위"에 관한 논의와 관련해서, 키르케고르의 건덕적 강화에 생각했던 일 말입니다. 거기에서 권위는, 매번 말 그대로 서문에서 반복함으로써 다음과 같이 강조되고 강화되었습니다. "이 강화들은 설교가 아닙니다. 왜냐하면 저자는 설교할 권위가 없기 때문입니다."14 권위는 사도적 소명이거나 혹은 성직 수임식의 특별한 특징입니다.15 설교는 권위를 사용하는 것입니다. 이것이 설교하는 것의 본질이라는 것이, 우리 시대에 완전히 잊혔습니다.

국가적이고 정치적이며 사회적인, 또한 시민적이며 교훈적인 영역의 문제 혹은 권위를 실행하는 것에 관한 문제인 한, 권위란 일시적인 것에 불과합니다. 시간(temporality)에서 늦게 사라지거나, 혹은 시간과 이 땅의 삶이 모든 권위의 차이와 더불어 사라지는 일시적인 요소인 한, 모든 사라지는 것처럼 권위 또한 사라져 없어지는 것입니다.

'생각'할 수 있는 인간으로서 사람들 사이에 성립되는 모든 관계의 유일한 토대는, 내재의 동일성(the identity of immanence), 곧 본질적 유사점

안에서의 상이성(dissimilarity)입니다. 유일한 개인은 특별한 점에 의해 모든 사람과 다른 점이 있다고 생각될 수 없습니다. 그때 모든 것(모든 생각, 사상)은 중단됩니다. 생각이 역설적−종교적 영역, 믿음의 영역에서 중단되는 것처럼 인간의 자격으로(qua) 사람들 사이의 모든 인간적인 차이는 전체성(totality)과 동일성의 특징(quality of identity) 안에 있는 요소들과 같은 생각으로 인해 사라집니다.

나는 확실히 이 안에 있는 차이를 존중하고 또한 그 차이에 순종할 것입니다. 하지만 영원 안에서 이 차이들이 사라진다는 확실성에 의해, 내가 종교적으로 세움(built up, opbygges) 받을 수 있습니다.[16] 나는 나를 구별한 자인 동시에 나를 종속시킨 자입니다. 주체로서 나는 분리할 수 없는 영혼을 소유한 왕께 순종해야 하고 그에게 영광을 돌려야 합니다. 그러나 본질적으로는 하늘 시민이라는 생각으로, 내가 종교적으로 세움을 받을 수 있습니다. 예를 들어, 이제는 고인이 된 폐하를 만난다면, 더 이상 그에게 굴종할 필요가 없다는 생각으로 나 자신이 종교적으로 세움을 받을 수 있습니다.

이것이 인간과 인간 사이의 관계입니다. 그러나 **하나님과 사람 사이에는 영원하고도 본질적인 질적 차이가 존재합니다.**[17] 오직 건방진 사고방식(thinking)에 의해서만 하나님을 모독하며 이 차이가 사라질 수 있습니다. 유한의 일시적 순간에, 하나님과 사람 사이가 확실히 구별된다는 것입니다. 그리하여 여기 이생에서 인간은 하나님께 예배하고 순종해야 하지만, 영원에서 이 차이는 본질적 유사성에서 사라지고 말 것이고, 하나님과 사람은 왕과 시종의 관계가 영원에서 그렇듯이, 서로 친구가 됩니다.

그러나 하나님과 사람 사이에는 영원하고도 본질적인 질적 차이가 존재하고, 또한 이 차이는 영원히 남을 것입니다. **역설적—종교적 관계는 하나님이 특별한 사람을 권위 있는 자로 임명할 때도 나타납니다.** (이 관계는 즉각적으로 생각할 수도, 믿을 수도 없습니다) 주의하십시오. 하나님이 그에게 위임한 것과 관련해 그렇습니다.

이런 식으로 소명을 받은 사람은 사람들 사이에서, 사람으로서 자신과 관계하지 않습니다. 그는 양적 차이로 자기 자신과 다른 사람들과 관계하지도 않습니다. (천재로서, 혹은 특별히 재능을 받은 자로서 등) 아니, 그는 어떤 내재도 영원의 유사성에서 취소할 수 없는 특별한 특성을 가짐으로, 역설적으로 자기 자신과 관계합니다. 본질적으로 역설적이기 때문이고, 이것은 **사상**(thought) **이후**(사상 전에, 사상 앞이 아니다)에 존재하고, 동시에 사상에 반하여 존재하기 때문입니다.

그런 소명을 받은 사람이 거룩한 명령을 따라 가져올 교리를 갖는다면 어떻게 될지 상상해 봅시다. 다른 사람은 혼자 힘으로 같은 교리에 도착했다면, 이 둘은 영원히 서로 같지 않을 것입니다. 왜냐하면 전자는 역설적으로 특별한 특징에 의해(신적 권위) 다른 모든 사람과 다르고, 다른 모든 인간적 차이의 토대에 내재적으로 놓여 있는 본질적 유사함의 자격과도 다르기 때문입니다.

'사도'라는 자격은 초월적 영역(Transcendentsens Sphære)에 속합니다. 역설적—종교적 영역에 속합니다. 이 영역은 다른 사람들과 사도와의 관계에 관해 질적으로 다른 표현을 지니되, 일관적입니다. 다시 말해, 다른 사람들은 믿음 안에 있는 사도와 관계하고 있지만, 모든 생각은 내재(Immanentsen) 안에 놓여 있고 존재하며 숨을 쉽니다. 그러나 사도의 역설적 자격이 일시적일 수 없듯이, 믿음 역시 일시적 자격이 아닙니다.

그리하여, 인간으로서(qua) 사람 사이의 관계에서, **권위에 관한 어떤 지속적이거나**(enduring, bestaaende) **항구적인**(constant bestandig) **차이를 상상할 수 없습니다.** 이 권위는 사라지는 것입니다. 하지만 권위의 본질적 관계를 알아보기 위해 잠시나마 몇 가지 예를 살펴봅시다. 인간으로서 사람들 사이의 권위 관계입니다. 이것은 시간의 조건에서는 맞습니다.

왕은 자기가 권위를 갖고 있다고 당연하게 생각할 수 있습니다. 그런데 우리는 왕이 뛰어나다든가, 혹은 예술가라는 진술에는 왜 불쾌함을 느끼는 것일까요? 틀림없이 이것은, 왕의 권위를 강화하고자 하는 표현이기 때문입니다. 이와 비교해, 사라지는 것, 비본질적인 것, 불안감을 주는 부수적인 것이 될 만한 인간적 차이들에 있어서, 더 일반적인 자격들을 발견하기 때문입니다.

정부의 각 부서(Regierings-Collegium)는 규정된 영역에서 권위를 가진다고 생각할 수 있습니다. 그런데 우리는, 그 법령의 관점에서 그 부서가 실제로 뛰어나고, 재치 있고, 심오하다고 하면 도대체 왜 불쾌한가요? 바로, 그 권위를 적절하게 질적으로 강화하고 있기 때문입니다.

왕이 천재인지 아닌지 묻는 경우에, 그에게 기꺼이 복종하는 것은 근본적으로 상당한 반역입니다. 이 질문은, 권위에 복종하는 것에 있어서 의심을 포함하고 있기 때문입니다. 정부의 부서가 재치로 가득 차 있기 때문에 그 부서에 기꺼이 복종한다는 것은, 근본적으로 그 부서를 놀리는 행위입니다. 아버지가 특별히 지성이 뛰어나기 때문에 존경하는 것은 불손한 행동입니다.

이미 언급했다시피, 인간으로서(qua) 사람들 사이의 관계에서, 권위가 존재했다 하더라도, 마침내 사라지고 맙니다. 영원은 땅의 모든 권위를 제거합니다. 그러나 지금은 초월적 영역에 있습니다. 우리가 단순한 예를 들어봅시다. 하지만 가능한 한 충격적인 예를 들어봅시다.

그리스도께서 "영원한 삶이 있다"라고 말할 때, 신학교 졸업생인 패터슨이 "영원한 삶이 있다"라고 말할 때, 둘은 같은 말을 하고 있습니다. 두 번째 인물의 진술에 어떤 생략이나 발전, 혹은 심오함이나, 풍부한 생각이 없었던 것처럼 첫 번째 진술도 그렇습니다. 미적으로 평가하자면, 양자의 진술 모두 훌륭합니다. 그런데도 질적 차이는 영원히 존재합니다!

사람 되신 하나님(God-man)으로서, 그리스도는 권위의 특징을 지닙니다. 영원도 이것을 중재할 수 없습니다. 혹은 영원이 그리스도를 본질적으로 인간적인 유사성과 같은 수준에 놓을 수 없습니다. 그리스도는 권위를 갖고 가르쳤습니다. 그리스도가 심오한지를 묻는 것은 신성모독입니다. 미묘한 방식으로 그분을 파괴하려는 허튼 수작입니다. 의식적이든 무의식적이든 말입니다. 왜냐하면 이 질문은 그분의 권위에 관한 의심을 포함하기 때문입니다. 그분을 평가하고 점수를 매기기 위한, 건방진 정직(straightforwardness)을 위한 시도를 포함하기 때문입니다. 마치 시험을 치르는 자와 같습니다. 하늘과 땅의 모든 권위를 주는 자처럼 있지 않고, 오히려 교리문답을 받는 자 같습니다.

오늘날, 전적으로 옳은 종교적 이야기를 듣거나 읽는 것을 거의 찾아보기 어렵습니다. 그러나 그들 중 더 나은 사람들은 무의식적이거나 혹은 선의의 반항이라 할 수 있는 것으로 약간의 속임수를 쓸 수 있는데, 그들은 잘못된 범주에서 기독교인을 최대한 힘차게 옹호하고 또한 주장합니다.

한 가지 예를 들어보겠습니다. 나는 독일 사람을 예로 드는 것을 좋아합니다. 누구도 이런 생각을 떠올릴 수 없다는 것을 압니다. 가장 무디게도, 가장 악의적으로도 떠올리지 못할 것입니다. 내 의견에 엄청나게 중요한 문제를 쓰고 있는 중입니다. 어떤 목사를 손가락질하기 위해서 말입니다.

사순절 다섯 번째 주일 설교에서, 주교 세일러*(Sailer)는 요한복음 8:47~51ww의 본문을 설교합니다. 두 구절을 선택합니다.

*다음을 보라. Evangelisches aus Joh. Michael Sailers religiösen Schriften, v. Dr. A. Gebauer. Stuttgart 1846. Pag. 34. 35.

"Wer von Gott ist, der höret Gottes Wort(하나님께 속한 자는 하나님의 말씀을 듣나니)"와 "Wer mein Wort hält, der siehet den Tod nicht(사람이 내 말을 지키면 영원히 죽음을 보지 아니하리라)"입니다. 이것을 이렇게 해설했습니다.

"es sind in diesen Worten des Herrn drei große Räthsel gelöset, mit denen sich die Menschen von jeher den Kopf so oder anders zerbrochen haben.(주님의 이 말씀에서, 세 가지 큰 수수께끼가 풀렸다. 사람들은 옛날부터 이 수수께끼를 풀기 위해 머리를 쥐어짰다.)"

우리가 여기에 이 말씀을 갖고 있습니다. 이 Räthsel(수수께끼)라는 단어와 특별히 drei große Räthsel(세 가지의 큰 수수께끼), 그다음에 나오는 것은 사람들의 머리를 쥐어짜게 했고(mit denen die Menschen den Kopf *sich zerbrochen haben*), 우리의 생각을 지성적인 의미에서 심오한 것, 고찰하는 것, 심사숙고하는 것, 추론하는 것으로 즉시 안내했습니다.

그러나 어떻게 단순히 아포딕틱(apodictic)[18] 진술이 심오할 수 있을까요? 아포딕틱 진술이란 그저 말했기 때문에 그대로 있는 것을 말합니다. 전혀 이해되거나 헤아릴 수 없고 단지 믿어져야 하는 것입니다. 심사숙고하고 추론해야 하는, 심오함 자체인 수수께끼를 직접적 진술 혹은 어떤 주장으로 해결한다는 생각을 어떻게 떠올릴 수 있을까요?

이 질문은 이렇습니다: 영원한 생명이 있습니까? 대답은 이렇습니다: 영원한 생명이 있습니다. 자, 그렇다면 도대체 심오함(profundity, Dybsindige)은 어디에 있습니까? 그리스도가 이 말씀을 한 분이 아니라면, 그리스도가 스스로 존재하는 분이라고 말했던 자가 아니라면, 이 진술 자체가 심오하다면, 그때 심오함은 변함없이 발견되어야 합니다.

신학교 졸업생인 패터슨 씨를 데려와 봅시다. 그 또한 영원한 생명이 있다고 말합니다. 이 직접적 진술을 바탕으로 심오함을 그에게 돌릴 수 있다는 생각, 도대체 그 누가 할 수가 있을까요? 결정적인 것은, 진술 자체에 있는 것이 아니라, 말하는 분이 그리스도라는 사실에 있습니다. 그러나 혼란스러운 점은, 사람들이 믿도록 유혹하기 위해 심오함과 심오한 것에 관한 무언가를 말하는 데 있습니다. 기독교 목사가 적절하게 말한다면, 다음과 같이 단순하게 말해야 합니다.

"영원한 생명이 있다는 그리스도의 말씀을, 우리는 갖고 있습니다. 이 말씀으로 문제는 결정되었습니다. 머리를 쥐어짤 문제도 아니고, 심사숙고할 문제도 아닙니다. 다만 심오한 능력이 아니라, 신의 권위로 이 말씀을 하신 분이 그리스도라는 사실입니다."

조금 더 나아가 봅시다. 그리스도께서 말씀하셨기 때문에 영원한 생명이 있다는 것을, 누군가 믿었다고 가정해 봅시다. 그때 그는 오직 믿음으로 모든 깊은 심오함을 회피했고, 심사숙고하고 추측해야 하는 "사람들의 머리를 쥐어짜는 일"을 회피했습니다. 반면, 불멸성을 묻는 질문으로 머리를 쥐어짜려 하는 사람을 데려와 봅시다. 이 질문의 심오한 대답이 바로 직접적 진술이라는 것을 그가 부정한다면 정당화되지 않을 것인가요? 플라톤이 불멸성을 말한 것은 실제로 심오합니다.[19] 심오한 심사숙고로 획득된 것입니다. 그러나 가엾은 플라톤은 어떤 권위도 갖지 못합니다.

요점은 이렇습니다. 의심과 불신(disbelief)은 믿음을 무가치하게 만든다는 것입니다. 또한 다른 것 중에서 특히 순종하는 것, 권위에 복종하는 것을 부끄럽게 합니다. 이런 반역을 무의식적으로 더 좋아하는 사람들이 생각할 때, 그 과정(thought process)으로 슬며시 들어온 것 같습니다. 이 모든 방종(extravagance)은 시작됩니다. 근본적으로 이 방종이 반역으로, 얼핏 볼 수 있는 깊은 것과 심오한 것, 또한 경이롭게 아름다운 것과 관계하게 됩니다. 기독교적—종교적 이야기를 듣고 읽은 대로, 단 하나의 특별한 형용사로 서술한다면, 그 이야기는 "가식적인 것"이라고 말해야 합니다. 사람들이 목사의 가식을 일반적으로 언급할 때, 그가 한껏 치장한 것을 염두에 둡니다. 혹은 그가 감상적으로 말한다는 것, 혹은 노르웨이 사람처럼 R 발음을 굴리면서 이마에 주름을 잡고 있는 것,[20] 혹은 마치 부흥강사처럼 너무 열정적인 자세로 나서느라 무리하고 있다는 것을 염두에 둡니다.

하지만 이런 일이 일어나지 않는 것이 언제나 바람직할지라도, 이 모든 것은 시시할 뿐입니다. 설교(sermon address)를 생각하는 과정이 꾸며질 때, 완전히 잘못된 곳에 강조점을 둠으로써 설교의 정통성이 성취될 때, 그리스도를 믿으라고 권면하면서, 근본적으로 믿음의 대상이 될 수 없는 것에 바탕을 두고 그분 안에서 믿음을 설교할 때, 그것은 타락입니다. 어떤 아들이 다음과 같이 말합니다.

"나는 아버지께 순종합니다. 나의 아버지이기 때문이 아니고, 천재이기 때문입니다. 그분의 명령은 언제나 심오하고 탁월합니다."

자녀의 이런 순종은 가식입니다. 완전히 잘못된 것을 강조합니다. 명령의 탁월성이나 심오함을 강조합니다. 반면, 명령은 이런 자격과는 아무런 상관이 없습니다. 아들은 아버지의 심오함과 탁월성에 순종하려

했습니다. 그러나 이런 바탕으로 그는 '순종'할 수 없습니다. 아버지의 명령이 심오하고 탁월한지에 관한 아들의 비판적 태도가 순종을 손상했기 때문입니다.

같은 논리에서, 교리의 심오함과 깊이 때문에 그리스도를 믿고, 또한 기독교를 이용해야 한다는 많은 이야기는 결국 가식입니다. 완전히 잘못된 것을 강조함으로 정통성을 자기 자신에게 돌리는 격입니다. 그리하여 현대의 모든 사변적 사고(speculative thought)는 한 편으로 **순종**(obedience)을 제거하고 다른 한 편으로 **권위**(authority)를 제거하여 가식이 됩니다. 그런데도 정통이 되려 하면서 가식이 됩니다. 설교가 전적으로 옳은 목사는 그리스도의 말씀을 이런 식으로 인용합니다.

"그분의 말씀에 따르면, 이 말씀은 하늘과 땅의 모든 권세를 부여받은 자에 의한 것입니다. 여러분이 이 권위에 복종할 것인지 아닌지를, 이 말씀을 믿을지 안 믿을지를, 지금 마음 속으로 생각하고 결단해야 합니다. 그러나 거절한다면, 이 말씀이 탁월하고 심오하며 놀랍도록 아름답다는 이유로 받아들이지 마십시오. 왜냐하면 신성모독이기 때문입니다. 그것은 하나님을 비판하는 일이기 때문입니다."

권위의 지배, 특별하게 역설적인 권위의 지배가 정립되자마자, 모든 관계는 질적으로 달라집니다. 아무리 바람직하고 허용할 수 있는 다른 어떤 종류의 권위를 사용한다 하더라도, 그것은 공격이고 건방진 것입니다.

그러나 사도는 자기의 권위를 어떻게 입증할 수 있습니까? 만일 **물리적으로**(physically) 입증할 수 있다면, 그는 사도가 아닙니다. 그의 진술 말고는 다른 증거가 없습니다. 틀림없이 이런 식이어야 합니다. 그렇지 않다면 믿는 자는 역설적 관계가 아니라, 그와의 직접적 관계로 들어가야 하니까 말입니다.

인간으로서(qua) 사람들 사이에 일시적인 권위의 관계에서, 대체로 권위는 능력(power)으로 인식할 수 있을 것입니다. 사도에게는 자기 진술 말고는 다른 어떤 증거도 없습니다. 기껏해야 저 진술을 위해 모든 고난을 기쁘게 당하고자 하는 의지(willingness)뿐입니다. 그의 말은 간단합니다.

"나는 하나님께서 부르셨습니다. 당신이 원하는대로 하십시오. 나를 채찍질하십시오. 나를 핍박하십시오. 다만 내 최후의 말은 처음과 같습니다. 나는 하나님께서 부르셨습니다. 나는 당신이 내게 한 일을 영원히 책임지게 할 것입니다."

현실에서 이렇다면, 우리가 상상해 봅시다. 사도는 세속적인 의미에서 능력(power, 힘)을 가집니다. 큰 영향력, 권력에 기반한 인맥도 있습니다. 이런 힘을 통해 사람들의 의견이나 판단을 이겼을 것입니다. 그가 이런 능력을 사용했다면, 이것 때문에(eo ipso) 자기 명분을 잃었을 것입니다.

다시 말해, 그가 능력을 사용함으로써, 다른 사람이 수고한 노력과 같은 의미에서 자기의 노력을 정의했을 것입니다. 그런데도 사도는 그의 역설적 이질성(paradoxical heterogeneity)으로만, 신적 권위를 얻는 것을 통해서만 자기 자신으로 존재합니다. 그는 이 권위를 통해서 절대적으로 불변할 수 있습니다. 바울이 말하듯이, 사람들이 밟고 다니는 세상의 더러운 것과 쓰레기로 자신이 여겨지더라도 말입니다.[21]

3. 천재는 내재적 목적론을 갖고 있을 뿐이지만, 사도는 목적론적으로 절대적 역설(absolut paradoks)입니다.

절대적이며 목적론적으로 위치가 정해진다고 말할 수 있는 사람이 있다면, 그 사람은 사도입니다. 그에게 전달된 교리는 심사숙고하도록 주어진 과제가 아닙니다. 이 교리는 그를 위해 제공된 것도 아닙니다. 반대로, 그는 사명 가운데 있고, 교리를 선포해야 하며 권위를 사용해야 합니다.

편지를 지닌 채 도시에 보냄을 받는 사람은 편지의 내용과는 아무런 상관이 없고 다만 그것을 전달할 책임만 가지는 것처럼, 외국의 법원으로 보냄을 받은 특사가 보내는 내용과는 아무런 관련이 없고 다만 그 것을 전달하는 책임만 가진 것처럼, 사도 역시 근본적으로 자기 의무에 만 충성해야 합니다. 그의 의무란 사명을 완수하는 것입니다. 그가 핍박 당하지 않는다 해도, 그의 희생적인 삶이란 본질적으로 다음과 같은 특 징이 있습니다:

"그는 가난한 자 같으나 다른 사람들을 부요하게 합니다."[22] 그의 선 포로 부요해지기 위해, 여가(leisure, otium)를 위해, 기쁜 날을 위해, 염려 로부터 자유롭기 위해, 따로 조용한 시간을 갖거나 쓰지 않습니다. 선포 를 통해, 다른 사람들을 부요하게 합니다.

영적으로 이해할 때, 사도는 바쁜 주부와 같습니다. 가족이 몇 달 동 안 먹을 음식을 준비하는 동안, 그녀가 스스로 먹을 시간조차 거의 없 을만큼 너무나 바쁩니다. 이처럼 사도가 일을 시작할 때, 기나긴 인생을 위한 소망을 감히 품는다 해도, 그의 삶은 끝까지 변하지 않고 남아있 을 것입니다. 언제나 새로운 사람들에게 교리를 선포해야 할 책임이 남 아 있기 때문입니다.

계시가 인간의 이해를 지나치는(초월하는) 역설적 사실이라 해도,[23] 우 리는 계시를 통해 여전히 다음과 같은 많은 사실을 이해할 수 있고, 계 시는 어디에서나 자신을 나타냈습니다: 사람은 세상으로 나가도록 계시로 부름 받았습니다(소명을 받았습니다). 말씀을 선포하도록, 행동하고 고난당하도록, 계시로 부름 받았습니다. 중단할 수 없는 주의 사자(Lord's messenger)의 삶을 살도록 주님께 부름을 받은 것입니다.

반면, 분리할 수 없는 재산²⁴을 계속 소유하도록 계시로 부름 받았다는 것, 그저 분주하기만 한 문학적 나태함(idleness, far niente)에 남도록, 순간적으로 탁월해진 후에 탁월성이 갖는 불확실성에 관한 수집가와 발행인이 되도록, 계시로 부름을 받았다는 것, 이것은 거의 불경스러운 생각(blasphemous thought)입니다.

천재의 경우는 전혀 다릅니다. 내재적 목적론만 갖고 있습니다. 그는 자신을 발전시킵니다. 자신을 발전시킬 때, 자기 활동으로 자기 발전(self-development)을 계획합니다. 그는 확실히 중요성(significance)을 획득합니다. 확실히 더 위대한 중요성입니다. 그러나 세계와 다른 사람들과 관해서는, 목적론적으로 그 위치가 정해지지 않습니다.

천재는 자기 안에 삽니다. 다른 사람들이 천재의 재능을 통해 유익을 얻든 말든, 자신만의 천재적 특성을 따라 진지하고도 근면하게 자신을 개발할 수만 있다면, 자기의 재능을 무효화시키지 않은 채, 외부와는 차단된 자기만족에 빠져 재미있게 살 수 있습니다.

따라서 천재는 결코 소극적이지 않습니다. 그는 아마도 10명의 사업가가 하는 것보다 더 많은 일을, 자기 안에서 할 것입니다. 그는 아마도 많은 것을 성취합니다. 하지만 그가 이룬 각각의 업적은 밖을 향한 어떤 목적(τέλος)이 없습니다. 이것이 천재의 인간성(humanity)이면서 동시에 교만입니다: 나를 필요로 하는 누군가가 외부에 늘 있는 것처럼, 인간성은 다른 사람과 관계하여 자신을 목적론적으로 정의하는 데 있지 않습니다. 교만이란 자기를 내재적으로 자기 자신과 관계하는 데 있습니다.

자신의 노래를 누군가 들어야 한다고 꾀꼬리 스스로 요구하지 않는 것은 겸손한 것입니다. 하지만 누군가 그 소리를 듣든 말든 아무런 관심도 기울이지 않는 것, 알려고 하지 않는 것, 이것은 교만입니다.

천재의 변증법은 특별히 우리 시대에 불쾌하게 여겨집니다. 군중, 대중, 무리 그리고 이런 저런 추상적인 것(abstraction)이 모든 것을 뒤집어 놓으려 할 때 그렇습니다. 명예를 추구하는 대중(the honored public), 권력을 갈망하는 군중(power-craving crowd)은 천재가 그들을 위해 존재한다는 것을 표현해 주기를 원합니다. 이들은 천재가 지닌 변증법적인 한 측면만 봅니다. 천재의 교만에 실족(분개)합니다. 이 역시 겸손과 겸허임을 인식하지 못합니다.

따라서 명예롭기 원하는 대중과 권력을 갈망하는 군중은 사도의 존재(apostle's existence)를 무효로 만들기를 원합니다. 사도가 전적으로 다른 사람들을 위해 존재한다는 것, 다른 사람을 위해 보냄을 받았다는 것, 이것은 확실히 맞는 말입니다. 그러나 사도의 주인 혹은 주인들은 군중도, 인류도 아닙니다. 명예로운 대중도, 심지어 명예롭고 교양이 풍부한 대중도 아닙니다. 주인은 하나님입니다. **사도는 군중과 대중 모두에게 명령할 수 있는 신적 권위**(divine authority)**를 가진 자입니다.**

천재의 유머러스한 자기만족은 세계 안의 겸손한 체념(modest resignation)과 세계 위에 오만한 고양(proud elevation)의 통일입니다. 쓸데없는 나머지(useless superfluity)와 값비싼 장식(costly ornament)의 통일입니다. 천재가 예술가이면, 예술작품을 생산합니다. 그러나 천재도, 그 예술 작품도 밖을 향한 **목적**(τέλος)은 그 어떤 것도 없습니다.

혹은 천재는 자기를 둘러싸인 세계와 맺을 수 있는 모든 목적론적 관계를 파괴하고, 자신을 유머러스하게 서정 시인으로 정의하는 작가입니다. 서정적인 것은 정확히 자기 외에는 어떤 **목적**(τέλος)도 없습니다. 누군가 서정시의 한쪽을 쓰든, 4쪽을 쓰든 그의 작품은 방향을 정의하는 것과 관해서는 아무런 차이가 없습니다.

서정 작가는 작품 생산(production)에만 관심이 있습니다. 작문의 기쁨을 즐깁니다. 아마도 가끔 고통과 노력이 들겠지만 말입니다. 하지만 다른 사람과는 절대 아무런 관련이 없습니다. 그는 무언가를 **"위해서**(in order to, for at)**"** 글을 쓰지 않습니다. 사람들을 깨우치기 위해, 올바른 길을 가도록 돕기 위해, 어떤 목적을 성취하기 위해 쓰지 않습니다. 무언가를 "위해서" 글을 쓰지 않습니다. 다른 영역이라도 모든 천재는 같습니다. 어떤 천재도 "위해서"를 갖고 있지 않습니다. 그러나 사도는 절대적으로, 역설적으로, "위해서"를 가집니다.[25]

참고자료

1   The Adler manuscript, version IV (Pap. VIII2 B 7:8, 9:17), has the following essay, with minor difference, as a addendum.

2   부록의 다음을 참고하라. JP V 5181 (Pap. I A 328).

3   이것은 아마도 그룬트비히를 가리키는 말일 것이다. 그룬트비히와 그의 추종자들은 스스로를 '정통', '구식 기독교인' 또는 '구식 신자'라고 불렀는데, 예를 들어 그룬트비히의 논란의 여지가 있는 작품인 다음을 참고하라. Om Daabs-Pagten, Kbh. 1832, p. 15ff.

4   원래 덴마크어로는 '종교 강의'를 뜻하는 것으로, 설교를 의미한다.

5   사도행전 18:3, "생업이 같으므로 함께 살며 일을 하니 그 생업은 천막을 만드는 것이더라."

6   독창성(오리고): 라틴어 '오리고'는 '근원' 또는 '기원'을 의미한다. 원본의 특징인 새롭고 획기적인 것을 나타낸다.

7   '천재'라는 단어는 라틴어 'genius'에서 파생되었다. '천재'라는 단어가 'ingenium'으로 연결되어 '낳는다' 또는 '태어난다'라는 뜻의 동사 'gigno'의 어간과 연결되어 어원적으로 천재는 후천적이거나 학습된 것이 아니라 '타고난 것', 즉 주어진 것을 의미한다.

8   사도는 그리스어 '아포스톨로스(apostolos)'에서 유래하는데, 이 말은 '보냄을 받은 자', '대리자'라는 뜻이다.

9   이 부분은 다음 자료를 참고하라.

오타는 얼마나 익살맞은가! 두 개의 소론 중 2편에서, "기적을 일으킬 수 있는 재능(gift, Gave)"이라기보다, 이 소론은 "불편함(inconvenience, Gene)"으로 읽는다.

–JP VI 6399 (Pap. X1 A 336) n.d., 1849

10 　이하의 구절은 다음을 참고하라.

권위란 왕이 되는 것이나, 황제가 되는 것이나, 장군이 되는 것을 의미하는 것이 아니다. 혹은 군대의 힘을 갖거나, 주교가 되거나, 경찰*이 되는 것을 의미하지도 않는다. 다만, 확고하면서도 의식적인 결단으로 자신의 명분(cause)을 위해 기꺼이 모든 것을, 자신의 목숨을 희생하기를 원하는 것을 의미한다. 권위란 사람이 아무것도 필요하지 않고, 아무것도 두려워하지 않는 자기 자신과 동일해질 만큼 그 명분을 분명히 표현하는 것을 의미한다. 이런 무한한 무모함(recklessness of infinity)이 권위다.** 진정한 권위는 진리가 명분일 때, 현존한다. 바리새인이 선생으로 권위를 부여받은 자일지라도, 권위 없이 말했던 이유는 그들의 삶처럼, 그들의 말이 열일곱 개의 관심사로 분산된 유한한 권력 가운데 있었기 때문이다.

*여백에서: 다시 말해, 이 권위는 내재 속에 있는 권위의 개념이다. 권위에 관한 역설적 개념이 아니다.

**여백에서: 따라서 권위 있는 자는 언제나 양심에 호소한다. 이해, 지성, 사상의 심오함에 의존하지 않는다. 곧, 인간에게 호소하지, 교수에게 호소하지 않는다.

－JP I 183 (Pap. VIII1 A 416) n.d., 1847

11 　이 말은 보통 "두 배"라는 의미로 쓰이거나 문자나 음절이 반복되는 것을 의미한다. 하지만 키르케고르는 일반적으로 이 단어를 실존적 실행력으로, "중복," 혹은 "되풀이"의 의미로 사용한다.

12 　이 말은 그리스어로, "이질적인 것," 질적으로 "다른 것"을 의미한다. 다음을 참고하라. The Concept of Anxiety, p. 59. KW VIII (SV IV 329)

13 　이하의 내용은 다음을 참고하라. "아들러에 관한 책"의 세 번째 판으로부터;

부록 II. . .

주의: 그러나 아마도 어떤 독자는 키르케고르(나중에 "내가"로 바뀜)가 저자로서 자신에 관해 그가(내가) 권위가 없다는 표현을 사용했다는 것을 기억한다. 이를 강조하여 사용했기에, 모든 서문에서 공식적으로 반복되었다. 권위는 사도적 소명의 특별한 특징이거나 성직 수임식(ordination)의 특별한 특징이 있다. 설교하는 것은 명확히 이런 권위를 사용하는 것이다. 이것이 설교의 본질이라는 것이 오늘날 완전히 잊히고 말았다. 모든 신학 졸업생이 조금만 가르치려고 공부한다면, 키르케고르(나)를 가르치는 법을 알 수 있는 우리 시대가 잊었다. 오, 행운의 시대여, 그(내)가《두

개의 건덕적 강화》(1843년)부터 현재에 이르기까지 그를(나를) 사로잡았던 것과 관련하여 소식을 접하지 못한 유일한 신학 졸업생이었으니까. −Pap. VIII2 B 9:17 n.d., 1847

14   다음 자료를 참고하라. Eighteen Discourses의 서문, 5, 53, 107, 179, 231, 295, KW V (SV III 11, 271; IV 7, 73, 121; V 79); Three Discourses on Imagined Occasions, p. 5, KW X (SV V 175), Corsair Affair, 보충, p. 173. KW XIII (Pap. VII1 B 38); Point of View에 있는 On My Work, KW XXII (SV XIII 494).

15   다음을 참고하라. Dannemarks og Norges Kirke-Ritual(덴마크와 노르웨이 교회 예식서), 코펜하겐의 사제 서품 의식, 10장 2항 1762년[1685년]. 키르케고르 당시 이것은 시행 중이었다. 여기에는 안수자들이 제단에서 무릎을 꿇은 상태에서 감독이 "다음과 같이 기도와 안수로 거룩한 직분을 넘겨주어야 한다"라고 명시되어 있다: 이제 나는 성부, 성자, 성령 하나님의 이름으로 사도적 관례에 따라 사제와 설교자의 거룩한 직분을 여러분에게 부여하며, 하나님과 예수 그리스도의 정당한 종으로서 교회에서 은밀히 그리고 공개적으로 하나님의 말씀을 전파 할 수있는 능력과 권세를 부여합니다. 그리스도 자신의 제도에 따라 가장 존귀한 성례를 분배하고, 완고한 자의 죄를 묶고 참회하는 자에게 풀어주며, 그 밖의 모든 것을 하나님의 말씀과 우리 그리스도인의 관습과 용례에 따라 하나님의 거룩한 부르심이라면 할 수 있는 권한을 부여합니다."

현행 교회법에 따르면, 신학을 졸업하고 사제 서품을 받고 성직에 임명된 사람, 기타 필요한 조건을 충족한 사람만이 덴마크 국교회에서 설교할 수 있었다(참조: J.L.A. Kolderup -Rosenvinge Grundrids af den danske Kirkeret, Kbh. 1838, s. 66-86.).

안수를 받는 사람이 특별한 은혜의 은사를 부여받고 사도들로부터 직접 내려오는 직분자의 계보에 합류하는지는 논란의 여지가 있는 질문이었다. 안수가 성례전인 가톨릭교회에서는 안수를 이렇게 이해하지만, 개신교 교회에서는 그렇지 않다. 다음을 참고하라. 클라우센은 천주교와 개신교의 차이에 대해 다음과 같이 썼다. Catholicismens og Protestantismens Kirkeforfatning[천주교와 개신교의 교회 헌법, 교리 및 예식], Lære og Ritus, Kbh. 1825, 216쪽: "안수는 사도들의 모범을 모델로 삼았지만, 성직의 중요성을 엄숙하게 선언하는 상징적 행위만, 마법의 의식이 아니라 상징적 행위로만 이루어진다." 가톨릭 교회의 사제 서품에 대해 클라우센은 "사제 서품은 성령을 부여하여 거룩한 직분을 수행할 수 있는 성화와 적합성을 가져오고, 성체 성사 안에서 변화를 행할 수 있는 능력을 부여한다."(436쪽)라고 썼다.

16   에베소서 2:19, "그러므로 이제부터 너희는 외인도 아니요 나그네도 아니요 오직 성도들과 동일한 시민이요 하나님의 권속이라."

17   예를 들어 다음을 보라. Sickness unto Death, p. 99, 117, 126, 127, KW XIX (SV XI 210, 227, 235, 237).

18   아포딕틱(apodictic): 반박할 수 없는 것을 뜻한다. 논리학에서 아포딕트 판단은 반드시 참인 판단을 말한다. "아포딕틱"(고대 그리스어: ἀποδεικτικός, "입증할 수 있는")은 아리스토텔레스 논리학의 형용사적 표현으로, 입증할 수 있거나 필연적이거나 자명하게 참인 명제를 가리킨다. 아포딕트 명제는 단순히 어떤 것이 참이라고(또는 그렇지 않다고) 주장하는 단언 명제 및 어떤 것이 참일 가능성만 주장하는 문제 명제와 대조된다. 논증적 판단은 명확하게 증명할 수 있거나 논리적으로 확실하다. 예를 들어, "2 더하기 2는 4다"는 정의상 참이기 때문에 아포딕트이다. "시카고는 오마하보다 크다"는 단언형이다. "기업이 국가보다 더 부유할 수 있다"는 문제가 있다. 아리스토텔레스 논리에서 "아포딕트"는 "변증법"과 반대되는 개념으로, 과학적 증명은 철학적 추론과 반대되는 개념이기 때문이다.[위키피디아 참고]

19   다음 자료를 참고하라. Plato, 《국가》 박종현 역 (파주: 서광사, 2009), 640~5(608d~611a). Plato, Phaedo; Platonis quae exstant oper, I-XI, ed. Fridrich Ast (Leipzig: 1819~32; ASKB 1144~54), I, p. 472~610; Udvalgte Dialoger af Platon, I-VIII, tr. Carl Johan Heise (Copenhagen: 1830~59); ASKB 1164-67, 1169 [I-VII]), I, p. 1-189; The Collected Dialogue of Plato, ed. Edith Hamilton and Huntington Cairns (Princeton: Princeton University Press, 1963), p. 41-98. 플라톤이 불멸성을 말한 것: 플라톤의『국가』, 10권, 608d-611a에서 소크라테스에 따르면, 영혼은 육체와 달리 질병과 죽음에 의해 파괴되지 않는데, 영혼이 그 자체에 고유한 어떤 것이든 다른 어떤 것에 상응하는 어떤 악에 의해 파괴되지 않는다면 그것은 항상 존재해야 한다는 것이 분명하며, 항상 존재한다면 그것은 불멸해야 한다고 한다.

20   이 부분은 덴마크의 목사이자, 시인이자, 정치가였던 Nicolai Frederik Severin Grundtvig(1783-1872)를 암시한다. 예를 들어 다음을 참고하라. JP V 5752, 5753 (Pap. V A 94, 95)

21   고린도전서 4:13, "비방을 받은즉 권면하니 우리가 지금까지 세상의 더러운 것과 만물의 찌꺼기 같이 되었도다."

또한, 다음을 참고하라. "천재와 사도의 차이"의 최종본으로 사용된 아들러 판본 I(Pap. VII2 B 235. 141-50쪽)의 원고 부분은 여기서 끝난다. 이 글의 나머지 부분은 아들러의 부록 II(Pap. VIII2 B 7:9-10, 9:18)의 버전 IV이다.

22   고린도후서 6:10, "근심하는 자 같으나 항상 기뻐하고 가난한 자 같으나 많은 사람을 부요하게 하고 아무 것도 없는 자 같으나 모든 것을 가진 자로다."

23   빌립보서 4:7, "그리하면 모든 지각에 뛰어난 하나님의 평강이 그리스도 예수 안에서 너희 마음과 생각을 지키시리라."

24   상속인이 상속 지분을 받지 않은 상태에서 사망한 배우자의 재산을 승계하는 것으로, 외부 환경의 영향을 받지 않는 상황에 있어야 한다.

25   다음 자료를 참고하라. "순환(A Cycle)" 원고에서:

사용하지 말 것.

[여백에서: 소론 No. II. ―]

소론을 읽은 적 있는 사람을 위한 후기

1848년 10월

서문[변경된 것: 전집에서와 같이]에 명시된 바와 같이, 이 소론은 현재 유럽의 모습을 바꾸어 놓은 사건들이 일어나기 전에, 일부는 그보다 훨씬 전에 썼다. 과거에는 모든 곳에서 행동이 부족했다고 정당하게 말할 수 있었다면, 지금은 충분한 행동이 취해진 것처럼 보인다. 그러나 그것은 단지 그렇게 보일 뿐이다. 행동하는 것이 무엇인지에 관해 성숙하게 생각하는 사람이라면, 자세히 살펴보면 다음과 같은 사실을 알 수 있을 것이다. 유럽 전역에서 전혀 행동하지 않은 것과 같은 일이 벌어지고 있다는 것, 즉 일어난 모든 일이 사건이나 사고로 분해된다. 혹은 어떤 일이 발생하더라도 거대한 무언가로 분해된다. 하지만 자신이 원하는 것이 무엇인지 미리 확실히 알고 행동하는 인격이 없다. 그리하여 나중에 자신이 원하는 것이 발생했는지를 확실히 말할 수 있다.

예를 들어, 프랑스에서 그런 공화국은 역사상 존재하지 않으며, 무조건 "행동"이라는 수식어가 붙지 않고, "분실물"이라는 광고 문구에서 그 자리를 더 잘 찾을 수 있다. 나머지 유럽도 마찬가지이다. 모든 곳에서 모든 것이 사건이며, 많은 곳에서 흉내로 간주되는 흉내 내는 것은 행동이 아니다. 왜냐하면 다시 한번 외국의 무언가를 흉내내는 것은 개인이 아니며, 지금 자신의 나라에서 행동하는 것이 개인이기 때문이다. 아니, 흉내는 정확히 말하면 일종의 소동으로 구성되어 있으며, 하나님은 어떻게 발생하는지 알고 있다. 그러나 아무도 조종하는 사람도, 행동하는 사람도, 진실하게 말할 수 있는 사람도 없다: 내가 원했던 것은 이것이고 저것인데, 이제 내가 원했던 일이 일어났거나 일어나지 않았다.

그러므로 변화나 새로운 것의 침입은 일단 시작되면 반드시 비진리에서 시작되어야 한다. 사람들은 며칠 동안 서로를 속여서 일어난 일이 그들이 원했던 일이라고 생각하게 한다. 특정한 개인이 "어느 멋진 아침"에 일종의 무언가가 되는 것이 다소 어색한 것처럼, 하나님은 어떤 일이 일어났는지 알고 계시며, 따라서 그는 여러 가지 비진리로 자신을 돕고 있음을 유의해야 하며, 그가 지금 되어진 모습이 그의 초기 어린 시절부터 원했던 것임을 주의해야 한다. 무도회에서 지나치게 흥분한 순간에 전혀 알지 못하는 소녀와 약혼하게 된 사람이 그녀를 거의 모를 때, 그가 어린 시절부터 이 소녀를 사랑했고 전에 부끄러움에 한 번 청혼했다는 등의 약간의 비진리로 시작해야 할 필요와 유혹이 생기는 것처럼, 이 세대도 역사가 다시 돌아가게 하려고 [삭제: 약간의] 비진리로 마무리해야 하는 곤경에 처하게 된다.

결국, 그들은 여전히 자유롭고 이성적인 존재가 된다는 것이 무엇을 의미하는지에 대한 개념의 잔재를 조금은 가지고 있다. 이 개념을 구출하기 위해 그들은 헤겔식 방식으로 필연적으로 일어났다고 가정하지 않는 한, 일어난 일이 일어나기를 원했던 것이라고 조작해야 한다. 그러나 그러한 방식으로 격변이 일어나고 일어났었다는 것은 다시 오래된 악, 즉 책임을 자기 자신에게서 멀어지게 하여 뿌리치는 것이며, 마침내 실존(existence, 존재)이 자연에서와 마찬가지로 자유로운 이성적 존재의 세상에서 일어나는 일에 대한 친자 관계를 가정해야 할 정도로 큰 규모로 강제하는 것이다. 그래서 이러한 격변이 자연 현상처럼 무의미하고 비인간적으로 여겨지고, 혁명과 공화국이 콜레라와 같은 의미에서 발생한다는 것이다.

현재의 이 소론에 관한 한, 독자들이 이 글을 읽으면서 이 글은 정치와는 무관한 윤리적—종교적 글이며, 기성 질서와의 관계에서 새로운 출발점이 어떻게 확보되는지, 그 출발점은 위로부터, 하나님으로부터, 그리고 그 공식은 역설이며, 개인이 사용된다는 인상을 계속 갖게 되기를 바란다. 인간적으로 말하자면, 개인은 기성 질서(보편자)와 비교했을 때 분명히 무한히 작은, 아무것도 아닌 존재이다. 따라서 개인이 더 강한 자라는 것은 역설이다. 이 역설을 설명할 수 있는 것은 그를 사용하시는 분이 하나님, 그 뒤에 숨어 계신 분이 하나님이라는 것뿐이다. 그러나 역으로 그 관계가 역설적이기 때문에 바로 그 이유로 하나님을 보게 되는 것이다. 수백 명의 사람들이 있을 때, 하나님은 보이지 않는다. 그러면 일어나는 일은 수백 명의 사람들이 활동하는 직접적인 결과로 설명되지만, 역설적 제약은 (자유를 제약할 수 있는 한) 하나님을 인식하고 그가 관여하는 것을 인식하게 한다.

정치적으로, 결정에 관한 한, 모든 것은 더 쉽고, 덜 역설적으로, 더 직접적으로 진행된다. 정치적으로 사람은 하나님과 아무 상관이 없고, 관여해야 하는 불편함도 없다. 출발점은 아래에서, 기성 질서보다 낮은 곳에서 나타난다. 가장 평범한 '기성 질서' 조차도 연약한 모든 것 중에서 가장 연약한 것, 즉 군중보다 여전히 바람직하고 더 우월하기 때문이다. 요즘에는 [원한다면], 이 비합리성, 많은 머리를 가진 엄청난 괴물의 존재, 더 정확하고 올바르게 말하자면, 상황에 따라 수천, 수십만 개의 다리를 가진 괴물의 존재를 가져오기 위한 노력이 국가에서 이루어진다. 즉, 군중, 이 비이성적인 거대함, 혹은 이 거대한 비합리성, 그런데도 이것이 물리적 힘, 고함과 소란의 힘, 또한 투표를 위해 손을 들거나 난투극을 위해 주먹을 들어 올린 결정에 상응하는 모든 것을 만드는 놀라운 미덕을 가지고 있다. 이 추상(abstraction)은 비인간적인 것이며, 그 힘은 분명 엄청나지만, 그 엄청난 힘을 인간적으로 정의할 수는 없지만 기계의 힘으로 더 정확하게 정의할 수 있다. 그것은 수많은 말(horse)의 힘을 갖고 있다. 즉, 군중의 힘은 항상 말의 힘(horsepower)이라고 할 수 있다.

이 추상이 대중, 다수, 군중, 또는 무의미하게도 사람들이라고 불리든, 이 추상은 정치적으로 움직이기 위해 사용된다. 그내우스빌(Gnavspil) 및 기타 상대와의 게임에서와 마찬가지로, 게임이 진행되는 것을 위해 무언가를 올려놓는 것처럼, 이 추상은 정치 게임이 진행되기 위한 버팀목이다. 진리와 같은 것들, 하늘의 하나님 등, 죽음, 심판 등, 정치는 이 모든 것들을 아무것도 걸지 않고 그냥 카드놀이를 하는 것만큼 지루하다고 생각한다. 아니, 카드는 돈을 걸고 해야 하고 정치 게임은 군중을 걸로 해야 한다. 누가 더 많은 표를 얻을 수 있는지, 누가 더 많이 자기편으로 넘어오는지를 보기 위해 해야 한다.

참가자 중 한 명이 자신이 가장 많이 얻은 것을 알게 되면, 어느 날 저녁 서둘러 이 거대함의 선두에서 앞으로 나아간다. [*] 또는 더 정확하게는 참가자조차 없다. 이것은 여전히 너무 많은 인격의 자격이다. 모든 것은 그런데도 참가자가 없는 게임이다. 이것은 마치 아무도 말하지 않지만 말이 있는 복화술과 같다. 그러나 이것은 확실하다.

어느 날 저녁, 또는 아마도 여러 날 저녁에, 엄청난 군중이 발을 딛고 일어선다. 이것은 분명 국가의 유기체에는 자만심에 필적하는 매우 위태로운 상황이다. 이 군중은 마침내 마찰로 인해 격분하여 이제 요구한다. 혹은 더 정확하게, 요구하지 못하며 자신이 원하는 것이 무엇인지 모른다. 군중은 단지 무언가가 반드시 일어날 것이라는 희망으로 위협적인 자세를 취한다. 약한 정당(기존 정부, 통치자)이 아마도 너무 놀라 군중이나 군중을 이끄는 강한 자, 용감한 자(있다면)가 구체적인 말로 선언할 용기가 없는 일을 할 것이라는 희망으로 위협적인 자세를 취한다.

[*] 여백에서: 자유의 노래, 애국가 등을 부르는 것.

따라서 강한 정당이 된다는 것은 행동하는 것이 아니라, 추상적인 가능성을 통해, 자연의 소리에 의해, 약한 정당이 무언가를 하도록 놀라게 하는 것이다. 즉, 루이 필리프가 놀라서 도망감으로써 프랑스를 공화국으로 만들었던 것과 같다. 혹은, 프랑스를 공화국이 될 수 있는 조건으로 만드는 것과 같다. (실제로 누가 그런 생각을 했을까?) 왕은 놀라서 앞으로 나가면서 무언가를 하고, 군중은 왕이 하는 일을 우상화하며 실제로 왕이 한 일은 군중이 한 일이라고 주장한다.

반면에 진리 안에서 자신을 종교 운동과 관련시키는 단독자는 이 거대한 추상이 그의 발로 그를 돕고 싶어 하는 끔찍한 일이 일어나지 않도록, 모든 힘과 능력을 다해 지키고 싸워야 한다. (이 도움으로 승리하는 것은 종교적 관점에서 볼 때 비진리가 승리하도록 돕는 것이기 때문이다) 따라서 종교적 개인은 자신의 책임의 무게와 이중적으로 반영된 투쟁의 고독함(그는 홀로 투쟁하지만, 생사를 건 투쟁에서 혼자 있도록 허용되기 때문에)으로 인해 형언할 수 없는 고통을 겪어야 한다. 그렇기 때문에 이것은 정치적 영웅에게는 쉽다. 무엇보다 정치적 영웅이 없을 때, 가장 쉽게 진행된다. 그러나 만약 그런 사람이 있다면, 그는 어떤 모험을 하기 전에 이 수천 명을 확보하는 데만 신경을 쓰고, 확보한 후에야 비로소 모험한다. 다시 말해, 그는 어떤 모험도 하지 않는다. 왜냐하면 그는 물리적으로 가장 강한 자이고, 물리적으로 노력하기 때문이다.

그러나 그것이 거의 모든 정치 운동이 합리적 진보라기보다 비합리적인 퇴보인 이유이다. 여전히 유기적인 평범한 정부조차도 그러한 추상이 국가를 지배하는 무의미한 정부보다 낫다. (인간 유기체의 해로운 유체와 같이) 이 추상이 국가에 존재한다면, 궁극적으로 합리적인 국가 상태의 종말을 맞이하게 된다. 이 추상이 즉위하는 곳마다, 실제로 통치는 존재하지 않는다. 우상 숭배자가 자신이 만든 신을 우상화하고 숭배하는 것처럼, 사람들이 스스로 세운 사람에게만 복종이 이루어진다. 즉, 사람들이 자신에게 복종하고, 자신을 우상화한다. 합리적 상태의 중단과 함께, 국정운영은 게임이 된다. 군중에게 신발을 신기고, 군중을 내 편으로 만들고, 투표하고, 소음을 내고, 햇불을 들고, 무장을 하고, 군중이 무엇을 이해하든 이해하지 못하든 상관없이, 모든 것은 군중을 중심으로 돌아간다.

이것이 현재 상황이고 오늘날 모든 것이 정치이기 때문에, 대다수가 이 소론이 아무것도 다루지 않고 존재하지도 않는 어려움에 몰두하고 있다는 사실을 알게 된다면 놀라지 않을 것이다. 자, 사실이 그렇다. 이 논문은 하나님을, 한 개인 안에 있는 하나님과의 관계를 다루고 있다.

−Pap. IX B 24 n.d., 1848

부록

키르케고르의 일기 및 기록물

• CC:12, JP 5181, Pap. I A 328 n.d., 1836~7.

현재 유럽 전체를 덮치려 하는 총체적인 파산보다, 지금 우리가 더 두려워할 것은 없어 보인다.[1] 따라서 실제로는 우리에게 훨씬 더 위험할뿐더러, 피할 수 없는 것이 명백한, 영적인 파산을 우리는 잊어 버리고 만다. 이것은 태초에 바벨탑 건설의 시도[2]로 인해 나타났던 상징적 결과보다 훨씬 더 위험한 언어적 혼란이며, 중세에 또 한 번 시도되었던 바벨탑 건설[3]로 인해 국가와 방언에 가져온 혼란[4]보다 훨씬 더 위험한 언어적 혼란이다. 실제로 언어 자체의 혼란, 가장 위험한 반란, 즉 인간의 통제에서 벗어나 절망 가운데 서로에게 달려드는 단어의 반란이다.*

이 혼돈 가운데, 사람은 일종의 복주머니(Lykkepose)[5] 속으로 손을 집어넣은 채, 자기 생각을 표현하기 위한 단어를 고르기 위해 무작위로 제비를 뽑는다. 어떤 유명한 한 사람이 새로운 개념을 만들어 세상에서 쓰이도록 시도하는 것은 헛된 일이다. 아무런 소용이 없다. 비록 그런 단어들이 사용된다 하더라도 아주 잠깐만 사용될 뿐이며, 결국 많은 사람이 사용하지 않으므로 사회를 더 혼란스럽게 할 뿐이다. 왜냐하면 오직 한가지 사상이 이 시대를 지배하고 있기 때문이다. 즉, 전임자를 넘어서야(kommen ud over)[6] 한다는 생각이다.

자신이 소유한 것을 그저 즐기기만 한 자기만족의 게으름 때문에 과거가 비난받을 수 있다지만, 현시대를 그렇게 비난하는 것은 죄가 될 것이다(『과거의 미뉴에트(Menuet)와 현재의 갈로파드(Gallopade)』). 코펜하겐에서 나름 철학적 사고를 한다는 사람들이 사슴 공원(Dyrehaugen)에 '구경하기 위해' 나갔을 때, 그들도 동시에 다른 사람들에게 '구경 대상'이 된다. 그러나 유독 자기만 이 사실을 깨닫지 못한 채 "내가 다른 사람을 넘어섰다!" 라고 끊임없이 외치는 것처럼, 이상한 착각에 빠져 한 사람이 다른 사람을 넘어섰다고 계속 외친다. 이런 식으로 한 사람이 '개념의 내재적 부정성에 기초하여'[7] 다른 사람을 계속 넘어서는 것을 보게 된다. 얼마 전 한 헤겔주의자[8]가 나에게 악수를 청하며 말하기를, '뛰어오르기(springe Bukkespring)[9] 위해 뛰기 시작했다'라고 했는데, "나는 넘어섰다"라는 생각을 지닌 채, 승리의 기쁨으로 나를 향해 외칠 것이라고 확신한다.

* 사람은 사상과 관계하여 말한다(단어의 이기주의).

불행히도 나는 그가 누구인지 듣지 못했다(여기서 말하는 것은 실제 사건이지만, 독자가 마음껏 상상해서 이름을 붙일 수 있도록 이름을 생략한다).** 나름 선배라고 하는 비평가들은, 최근 발굴된 작가에서 잘못된 점을 찾고자 이전의 작가들 중에서 본보기로 삼을 만한 것을 계속 찾는데, 이것은 게걸음(crablike walk)으로 비판을 받았다.[10] 하지만, 이것 때문에 현시대를 탓하는 것은 죄가 될 것이다. 비평가가 비평을 쓰려고 앉는 순간, 이상(ideal)을 제시해야 할 작가는 지금 거의 존재하지 않기 때문이다. 또한, 비평가의 작품을 언론에 서둘러 알려야 할 출판사는, 지금 이 비평을 놀라움으로 보는 것이 아니라, 아직 쓰이지도 않은 반대 비평(counter-critique)[11]을 미리, 놀랍게 바라보기 때문이다.***

대부분 체계와 관점도 어제부터 시작되었으며, "그녀를 보는 것은 그녀를 사랑하는 것이었다"라고 쓰인 소설에서 사랑에 빠지는 것처럼, 쉽게 결과를 얻을 수 있다.# 그리고 이상한 우연의 일치를 통해, 철학은 데카르트에서 헤겔에 이르는 긴 역사적 꼬리[12]를 얻게 되었다. 그러나 세계 창조의 꼬리에 비하면 너무나 짧고, 자연 과학자들이 인간에게 부여하는 꼬리와 비교할 때는, 아주 미미한 수준이다. 그러나 최근 몇 년 동안, 모든 철학 작품의 서두에 "데카르트라는 사람이 있었다"라는 문장을 붙이는 것이 필요하게 된 것을 보면, 이것을 유명한 승려들의 관습과 비교하고 싶은 유혹에 우리는 쉽게 빠질 수 있다. 하지만 재능 있는 개인이 스스로 어느 정도 구원할 수 있다 해도, 다른 사람에게 의지해서 살아가야 하는 보통 사람들에게는 이런 상황이 오히려 더 위험해 보인다.

** 자기의 본능적인 활력을 이용해, 종이에 잡힌 작은 주름 하나하나를 다듬는 사람이 있듯이, 이름을 듣자마자 외워 버리는 사람도 있다.

*** [나중에 추가된 것으로 보인다] 이렇게 서두른 결과, 이 세대는 실체조차 부족하다. 그 노력에도 불구하고, 일종의 벽 그림자놀이(Schattenspiel an derWand)가 되었고, 그리하여 신화 자체가 된다. 사실, 고레스가 정확하게 지적했듯이 그것은 비평도 아니다(참조: 미스틱(Mystik), 제1부 서문, vii 쪽 하단, 반드시 인용해야 함). 결국 연극은 현실이 되고 현실은 코미디가 된다.

[나중에 추가된 것으로 보인다]. 따라서, 자살은 비겁하다는 말[13]은 대부분 사람에게, 한 단계를 뛰어넘는 것 외에는 아무것도 아니다. 자살하는 데 용기가 필요하다는 것을 전혀 알지 못했던 이 영리하고 자랑스러운 캐릭터들! 왜냐하면 자살할 용기를 가진 사람만, 오직, 자살하는 것이 비겁하다고 말할 수 있기 때문이다.

이 사람들은 가장 빠른 속도로 지나가는 용어를 더욱 빠르게 붙잡아야 하며, 그 결과 표현은 매우 잡다해진 나머지, 일종의 언어적 코르사주,[14] 즉 외국인도 쉽게 이중언어를 구사할 수 있는 프랑스어처럼 다양한 체계와 다양한 표현을 사용해, 같은 내용을 책 전체에 걸쳐 반복해서 말할 수 있게 된다. 이 결과로 가톨릭과 개신교가 서로를 설득했던 잘 알려진 논쟁[15]과 공통점이 많은 상황[@]이 발생했다. 단어의 뜻이 불명확한 나머지, 사람들이 쉽게 서로 설득할 수 있었기 때문이다. 그러나 이토록 거친 아이디어의 추격전 속에서, 새로운 체계가 권력을 잡는 행복한 순간을 관찰하는 것은 매우 흥미롭다.[$]

이제 모든 것이 움직이고 있으며, 가장 중요한 것은 체계를 대중화하는 (gjøre Systemet populairt) 것이다.[16] 체계는 per systema influxus physici(육체적 영향의 교리에 따라)[17] 모든 사람을 사로잡는다. 칸트가 당대에 어떤 대접을 받았는지는 충분히 잘 알려져 있다.[18] 따라서 나는 무한히 많은 수의 백과사전,[19] 짧은 요약,[20] 대중화된 버전,[21] 모든 대중을 위한 발표[22] 등 만을 지적하면 된다. 그리고 최근에도 이런 식으로 헤겔을 대하지 않았는가?[23] 헤겔은 자신이 옭아맨 형식의 엄격함 때문에, 모든 근대 철학자 중에서 침묵을 가장 많이 명령하는 사람이 되었을 것이다. 논리적 3요소를 언급하지 않는 어리석은 방법이 있는가?[24]

따라서 한 제화공이 부츠를 개발하는 방법에도 이 변증법을 적용할 수 있다는 사실을 알아냈을 때 나는 놀라지 않았다.[25] 그는 인생의 첫 번째 단계인 변증법이 아무리 사소해 보일지라도, 어떤 심리학자의 심오한 연구를 벗어나지 않은 삐걱거리는 소리가 여기에서도 들린다는 점에 늘 주목했다.

반면 통일성은 나중에야 생겨났고, 이 점에서 그의 부츠는 다른 모든 부츠보다 훨씬 뛰어났으며, 일반적으로 변증법에서 파괴되었다. 이 통일성은 찰스 12세의 유명한 일화 중에서, 승마할 때 신었던 한 쌍의 부츠에서 가장 높은 형태에 도달했다. 그리고 정통 제화공으로서, 즉각적인 것(부츠가 없는 발, 발이 없는 부츠)은 순수한 추상이라는 논제로 시작했기 때문에,[26] 대신 그것을 개발의 첫 번째 단계로 통합했다.

@ 이 상황은, 비록 준비되었으나 여전히 거칠고 솔직한 덴마크의 성격이 더해져, 결국 논쟁을 쓸데없고 매스껍게 만들었다.

$ 이것은 아마도 경매 블록에 철학을 넣어야 할 필요성으로 끝날 것이다. 현재로서는 실제 구매자는 많지 않은 것 같다.

그리고 지금 우리 시대의 정치인들! 그들은 헤겔을 채택함으로써, 한 사람이 어떻게 두 주인을 섬길 수 있는지에 관한 놀라운 예를 보여 주었다. 혁명을 향한 그들의 노력은 바로 이런 종류의 노력에 필요한 해독제의 관점[27]과 결합해 있기 때문이다. 환상에 찌든 노력이 번성하기 위해 필요한 착각을 없애는 데 탁월한 수단이다. 갈색 머리와 금발 머리[28]와 같은 모든 학술 논문이 잘 꾸며진 낭만적인 가정에서 나타나는 것처럼, 모든 학술 논문에서 "직접적 통일"[29]이라는 문구를 틀림없이 사용한다는 사실을 기억한다면 이 현상의 현실은 누구도 부정할 수 없다.

이 행복한 순간[30]에 모든 사람이 성서를 받았다. 그러나 그 성서에는 매우 짧고 때로는 거의 보이지 않는 한 권의 책만 들어 있는데, 이것은 아쉽게도 사도행전이다. 그리고 사회적인 노력을 자랑스럽게 알리는 이 시대가 중세 시대 수도사들과 수녀들을 부끄럽게 여긴다는 것은 놀랄 만하다. (우리의 본토에 관해서만 말하자면) 바로 지금, 이 시대가 왕국 전체를 포함하는 듯한 사회,[31] "친애하는 형제자매 여러분"으로 연설 문구가 시작되는 사회가 형성되었음에도 말이다.

모든 일방적인 열정과 마찬가지로, 자유주의 운동이 예수회를 이끌어 왔고 앞으로도 이끌어 가야만 하는 상황에서, 사람들이 중세의 예수회[32]에서 결점을 발견하는 것을 보는 것은 얼마나 놀라운 일인가? 그리고 지금 기독교는 어떻게 대우받고 있는가? 기독교의 모든 개념이 안개 속에서 완전히 녹아내린 나머지 이제는 그 형체도 알아볼 수 없게 되었다고 말하는 당신의 불평에 나 또한 전적으로 공감한다. 철학자들은 신앙, 성육신, 전통, 영감, 기독교에서 확실한 역사적 사실을 가리키는 개념에 관해, 상당히 다른 '일반적' 정의를 스스로 부여함으로써 자기를 기쁘게 했다. 믿음은 이런 방식으로 직접적인 의식이 되었으며,[33] 이것은 근본적으로 정신생활에서 생명력을 가진 유체(fluid), 혹은 그 분위기에 지나지 않는다.

전통은 세계에 관한 어떤 경험의 총체가 되었고, 영감은 하나님이 인간에게 생명의 영을 불어넣은 결과일 뿐이며, 성육신은 한 명 또는 여러 명의 이런저런 사상의 존재에 지나지 않게 되었다.[34] 그리고 다른 개념들처럼 모호하게 되었을 뿐만 아니라 실제로 모독당한 개념, 즉 구속(redemption)의 개념은 아직 언급조차 하지 않았다. 저널리즘이 특별히 선호하는 개념으로, 위대한 자유의 영웅부터, 남들보다 조금 더 싸게 물건을 팔아 이웃을 구제하는 제빵사나 정육점 주인에 이르기까지 모든 사람에게 적용됐다. 그렇다면 이제 어떻게 해야 할까?

시대의 종을 울리는 사람들이 잠깐 조용히 있을 수 있다면, 부인할 수 없이 최고일 것이다. 그러나 우리가 이것에 성공할 가능성은 거의 없으므로 최소한 재정 전문가들과 함께 강력하고 철저한 예산 삭감을 외쳐야 한다![35] 왜냐하면 (얼굴 전체가 붉어지는 소설 속 소녀가 품위가 부족하다는 가정에 분노하여) 자기 소설에 등장하는 모든 소녀가 등 아래로 붉어질 것이라고 맹세한 소설가처럼 전임자를 능가하는 것은 당연히 아무런 소용이 없기 때문이다.

그런 소설가의 노력에 동참하는 대신, 우리가 욕설 아닌 직설적 주장을 하는 것이 더 기쁜 일이라고 지적하고 싶다.

더 나아가, 루터가 자기 시대에 맞는 신앙의 개념을 되찾은 것처럼,[36] 전신 갑옷을 입은 사람들이 앞으로 나와 잃어버린 힘과 의미를 되찾기를 우리는 소망한다. 왜냐하면 이 시대를 대표하는 발명품인 인쇄술의 흔적은 어디에서나 발견할 수 있으며, 심지어 시대가 수용한 호기심 어린 반성에서도 발견할 수 있는데, 이는 시대가 표현할 수 있는 것을 너무 제한하는 효과가 있어 실제로는 아무 말도 하지 못하기 때문이다.

그리고 이런 호기심에 찬 장황함은, 많은 시간과 말을 절약하는 역할을 하는 속담과 격언을 사용하는 것은 억제하고, 대신에 일종의 웅변적인 수다를 장려하여 실제로 우리의 저녁 식사 대화를 장악하기도 했다. 이러한 경제를 확립하고 언어의 탕자가 돌아온 후에야 우리는 더 나은 시대를 기대할 수 있다. 그리고 당신의 편지로 돌아가 본다.[37] 이와 관련해 그룬트비히[38]가 시도한 것은, 교회의 고대 언어를 되살리면서, 살아있는 말씀에 관한 이론을 주장하려 한 것인데, 이것은 정말 장점이 있는 것 같다. 하지만, 엉성한 글을 "하도급(hack work)"이라고 부르는 것처럼, 뒤죽박죽된 대화를 나타내는 데 특히 적합한 단어인 "허풍(hot air)"또한 우리는 떠올려야 한다. 따라서 내가 그룬트비히 목사의 글을 무효라고 주장하지만, 운명이 가져다 주는 묘한 아이러니로 인해 그의 (기록된) 말[39]은 죽었고 무력하다고 선언한 법원의 명령에 의해 확인되었다. [40] 말이 글보다 더 많은 것을 성취할 수 있다고 감히 주장할 수 있을 것 같다.

• NB2: 37, Pap. VIII1 A 145, JP,1:305, 1847

그리스도가 어떻게 십자가에 못 박혔는지 이해하려는 시도는 거의 없었다. (어떤 의미에서 그분의 삶은 이 땅에서의 목표를 갖고 있지 않으므로 아무에게도 실족을 줄 수 없다)아마도 여기에, 세상에 만연한 악에 관해 너무도 명백한 증거를 알게 되는 것의 두려움이 있다. 그리하여 그렇게 정한 것은 그리스도 자신이요, 하나님의 섭리였다는 핑계가 만들어진다. [결단을 내리지 않고 결단을 내릴 때까지 기다리는, 모든 헛소리의 의미를 여기서 사람들이 알게 된다. 전자는 하나님을 유혹하는 것이기 때문이다]그렇다면 그리스도의 삶은 하나님을 유혹하는 긴 시도 중 하나였을까? 이것은 틀림없이 둘 다이다.

그리스도가 기꺼이 목숨 바치기를 원한 것은, 자신이 죽음을 추구하거나 혹은 그리스도를 죽이도록 유대인들을 강요했다는 것을 의미하지 않는다. 그리스도가 자신의 삶을 희생하려는 의지(원함, willingness)는 세상에 대한 이해를 담고 있을 뿐이다. 세상이 그 정도로 악하다는 것, 그분이 죄인이나 평범한 자가 되기를 원하지 않았다면 무조건 거룩한 사람은 무조건 죽어야 했다는 것이다. 그러나 얼마나 적은 사람들이 존재에 대한 결정적인 관점을 가지고 있는지 믿을 수 없다. 그들은 터무니없는 것과 변덕스러운 것에 삶의 기반을 둔다. 다음과 같이 말하면서 그들의 삶은 더욱 진보한다.

"어쩌면 나는 위대한 존재가 될 수 있죠. 어쩌면 박해를 받을 수도 있고요."

얼마나 어리석은가. 단지 선택만 해 보라. 그러면 추측할 필요가 없을 것이다. 특정한 존재의 조건은 정확하게 계산될 수 있으니까 말이다. 당신이 무조건 선을 위해 모든 모험을 감행한다면, 무조건 박해를 받을 것이다. tertium non datur.[41] 타협하고자 하면, 당신의 삶은 의심할 여지 없이 바보의 변덕을 닮게 될 것이다. 당신은 위대해질 가능성이 있지만, 그 반대도 가능하기 때문이다.

바로 이런 이유로 지혜로운 제사장인 당신들은 정직하게 말해야 한다. 우리는 존재(실존)에 관한 가장 중요한 관점을 빠뜨리고 없었다. 우리가 설교하는 것은 세속적인 지혜와 속물적인(philistine-bourgeois) 복음이며, 특히 복권을 사는 사람들[42]에게 영감을 준다. 그리스도의 죽음은 두 가지 요인의 결과이다. 즉, 유대인들의 죄(guilt)와 더 큰 세계의 악이다. 왜냐하면 그리스도께서는 친히 사람으로 오신 하나님(God-man)이었기 때문에, 그분이 십자가에 달리셨다는 사실이 유대인들이 '우연히' 타락했기 때문에 발생한 일임을 의미할 수 없다. 더 과감히 말하자면, 그리스도가 이렇게 오신 것이 불행한 순간에 일어난 일일 수 없다.

아니, 그리스도의 운명은 영원한 운명이며, 인류의 특정한 중력을 나타내듯이 보여주고 있다. 그리스도의 운명은 어느 시대에나 똑같을 것이다. 그리스도는 결코 우연한 것을 표현할 수 없다. 따라서 유대인들이 어떻게 그렇게 격노할 수 있는지를 보여주는 것은 적절한 일이겠지만,[43] 이미 말했듯이, 우리는 아마도 그러한 너무 많은 것을 배우는 것을 두려워하면서 그로 인해 위축된다. 그리하여 우리의 세속적인 이익이 우리에게 불리한 증거가 될 수 있다.

거리 신학

• NB2:150, VIII1 A 264, JP V 6049, 1847

참고

"아들러에 관한 책"은 여러 개의 작은 부분으로 나누기에 가장 적합하다. 그것은 전체적으로 이해되지 않을 것이고, 아들러에 관한 모든 것이 지루할 것이지만, 내 생각에는 이것이 바로 요점이다. 예를 들어, 보편자, 단독자, 개별 개인에 대한 "전제-저자들"의 개념 부문이 있을 것이다.[44] 두 번째: 동시대성의 상황에 대한 계시.[45] 세 번째: 천재와 사도의 관계[46] 등. 이것은 매우 잘 이루어질 수 있으며, 그러면 책은 완전히 다른 방식으로 읽힐 것이다. 나는 아들러에 관한 언급을 아끼지 않을 것이다. 왜냐하면 그런 식으로 사람을 죽이는 것은 잔인하기 때문이다.

• NB2:157, Pap. VIII 1 A 271, JP V 6050, 1847

새로운 책에 붙일 제목은 다음과 같다.

그렇다면 어떻게 예수 그리스도가 십자가에 못 박힐 수 있었을까? 혹은 인간이 진리를 위해 자기 목숨을 희생할 권리를 갖는가?

사실 속죄를 위한 그리스도의 죽음에 대한 교리적인 이야기는 그 사건 자체를 완전히 잊게 했다.

그리스도의 죽음은 속죄의 죽음이며, 그분이 원했던 희생이다.[47] 맞다. 그러나 그는 자신이 받은 사형 선고에 책임 져야 할 사람이 아니었다. 여기에 변증법적인 것이 있다. 그는 자기 죽음으로 세상을 구하기를 원한다. 혹은 세상을 구할 수 없다. 그러나 박해와 처형을 당한 것에 어떤 경우라도 스스로 책임을 지지 않는다.

일반적으로 그리스도의 순결함과 결백만 말하지만, 여기서 또 간과되는 문제가 있다. 물론 사람들이 박해하도록 강요하는 방식으로 선과 진리를 선포할 수 있다. 처음에 사람은 세상이 자신보다 강하다고 생각하는 방식으로 싸운다. 그러나 자기 힘을 제대로 알게 되면, 자신을 부당하게 대우하는 인간에 진정으로 동정심을 느끼게 된다. 그런 다음 (자신을 위해서가 아니라 그들을 위해서) 자신이 그들에게 너무 많은 대가를 치르고 있다는 생각이 들 수 있다. 물론 세상과 인간에 대한 지식이 풍부하여, 선하고 진실한 일을 하면 박해를 받을 것이라고 확실히 말할 수 있는 사람도 있을 수 있다.

이것은 사람들에게 너무 가혹하지 않은가? 사실, 그런 식으로 양심을 죽이는 것이나 다름없다. 자신의 삶을 가장 엄청난 규모로 구성하여 확고하게 지키고, 정당방위라는 비극적 방법으로 사람들을 강요하여 처형하게 하는 것, 이것이 사람들에게 너무 가혹하지 않을까? 《두려움과 떨림》에서처럼[48] 대다수 사람은 내 말을 전혀 이해하지 못한다고, 여기서 나는 말할 수 있다. 사람들을 데려가기 위해 진실을 조금 줄이거나, 혹은 어떤 식으로든 사람들이 나를 박해하도록 강요한 책임을 스스로 짊어져야 한다는 것을 알게 되는 순간, 전자를 하는 것이 그의 의무일까, 아니면 후자일까?

따라서 그리스도는 항상 박해를 피하고 싶었을 것이다. (자신을 위해서가 아니다. 고난을 받으러 오신 분은 분명히 고난을 기꺼이 받으셨을 테니까)그러나 사람들을 위해서, 그들을 "유죄"로 만드는 데 이바지한 사람이 되지 않도록, 사람들을 위해서였다. 그렇다면 어떻게 그리스도가 처형당할 수 있었을까? 그때 그가 권력자(파벌)와 낮은 자들과의 관계에서 살았던 방식이 전개될 것이다. 그는 얼마나 무모하게 살았던 것일까.

동시대 사람들이 자신을 제거함으로써 유죄 판결을 받으리라는 것을 예견할 수 있을 정도로, 어떤 한 인간이 진리를 전적으로 붙잡을 권리를 가질 수 있는가? 그리스도는 진리이므로 그렇지 않을 수 없다. 더 나아가,

그의 죽음은 속죄의 죽음이기 때문에 사람을 다시 선하게 만든다.

보라. 나는 그 시대의 《두려움과 떨림》과 같은 상황에 또 한번 부닥쳐 있다. 이런 생각에 대한 해답을 누구에게서 찾을 수 있을까? 내가 이런 질문을 던졌을 때, 그 이전은 말할 것도 없고, 그런 생각을 할 수 있는 사람은 열 명도 없다. 전과 다르게 생각할 수 있는 사람도 마찬가지이다. 그들은 모두 반대 방향으로, 목숨을 거는 것을 두려워하지 않는 방향으로 생각한다. 그러나 그들의 생각은 그렇게 할 권리가 있는지를 묻기 위해 주어진 것으로부터 시작하지 않는다.

이 책 194쪽을 참고하라. [Pap. VIII1 A 307; p. 211].

• NB2:158, Pap. VIII1 A 275, n.d., 1847, JP IV 4604

　　그리스도의 고난은 영혼의 진정한 고난이다.

• NB2:159, Pap. VIII1 A 276, n.d., 1847, JP V 6051

　　인간의 선한 본성에서 연약함이라고 부르는 것을 하나님을 두려워하며 불경건이라고 부를 권리가 내게 없다면, 나는 진리를 위해 목숨을 희생할 권리가 없다. 즉, 죽임을 당하거나 처형당할 권리가 없다.

• NB2:186, VIII1 A 307, 1847년, JP I 607

유대인들이 그리스도를 왕으로 삼고 싶어 했다는 사실이,[49] 그들이 그리스도를 십자가에 못 박는 데 중요한 요소였다. 불이 제대로 점화되려면 바람이 필요하다. 그러나 영적인 의미에서 바람은 이중의 운동이다. 사람들과 즉시 충돌하는 자는 희생제물이 되지 않는다. 그러나 사람들이 고마워하던 바로 그 사람이 그들에게 등을 돌릴 때, 그의 뜻이 그들의 뜻이 아닐 때, 이것이 바로 불씨를 부채질하여 불타오르도록 만드는 것이다.

이 책, 160쪽을 보라. [Pap. VIII 1 A 271-76; pp. 208-11]

• NB3:17, Pap. VIII1 A 416, 1847년, JP I 183

권위란 왕이나 황제, 혹은 장군과 같은 사람이 되는 것을 의미하는 것이 아니다. 주교가 되거나, 혹은 경찰*이 되는 것을 의미하지도 않는다. 다만, 확고하면서도 의식적인 결단을 내리고 명분(cause)을 위해 기꺼이 모든 것, 자기 목숨까지도 희생하기를 원하는 것이다. 아무것도 필요지도 두려워하지 않는 자기 자신과 일치할 정도로 그 명분을 분명히 표현하는 것이다. 이런 무한한 무모함(recklessness of infinity)이 바로 권위이다.** 진정한 권위는 진리가 명분일 때 현존한다. 바리새인이 선생으로 권위를 부여받았음에도 권위 없이 말했던 이유[50]는, 그들의 말이 삶과 일치하도록 열일곱 개의 관심사로 분산된 유한한 권력 가운데 있었기 때문이다.

*여백에서: 다시 말해, 이 권위는 내재 속에 있는 권위의 개념이다. 권위에 관한 역설

적 개념이 아니다.

**여백에서: 따라서 권위 있는 자는 언제나 양심에 호소한다. 이해나 지성, 사상의 심오함에 의존하지 않는다. 곧, 교수가 아닌 '인간'에게 호소하는 것이다.

• NB4:79, JP V 6114, Pap. VIII1 A 562 n. d., 1848.

지침

우선, 소론에 관한 책을 출판하라. 이전에 정리한대로 아돌프 피터 아들러에 관한 책을 여기에 사용할 수 있다. 새로운 책도 다음과 같이 추가될 것이다: 예수 그리스도가 어떻게 그분의 생명을 박탈당할 수 있었는가.* 이 소론은 죄의 교리를 시작하기 전에 보편자와 단독자 사이의 충돌과 천재와 사도의 관계에 관한 두 편의 소론과 함께 세상에 나와야 한다.

* 여백에서: 참고. 이 소론을 가명으로 하려면, 나는 부록으로 추가해야 한다. 그때 제목은 부록과 함께 S.K.의 "소론"이 될 것이다. JPV 6115 (Pap. Vlll 1 A 563) n.d., 1848

• Pap. IX B 1-6 n.d., 1848

"윤리적—종교적 소론의 주기"의 초안에서 발췌:

No. I.

"전제—저자(Premise-Authors)"라고 부를 수 있는 것에 관한 것.

[삭제됨: 1846] ...

[No. II. 변증법적 관계: 보편자, 단독자, 특수 개인]

• Pap. IX B 22 n.d., 1848

"주기"의 서문에서:

순전한 경련성 발작[51]이 끝나고 정치적 사역(political ministry)의 시대가 언젠가 지나면, 피는 의심할 여지없이 다시 요구될 것이다. 더 많은 피, 그러나 다른 피, 수천 명이 죽은 희생의 피가 아니라, 더 비싼 피, 단독자의 피, 순교자의 피가 요구될 것이다. 수천 명에 의해 목이 잘린 것은 아니더라도, 사람들의 목을 자르게 했던 자가 살아있었을 때도 이루지 못한 것을 성취한 죽은 자들, 그들의 피가 요구될 것이다. 이 강력한 죽은 자들은 살아있는 동시대인들처럼 이룬 것이 아니라 죽음으로 이룬 것: 즉, 성난 군중이 순종하도록 강요하는 것이다. 왜냐하면 성난 군중이 불순종하여 순교자를 죽이는 것이 그저 허용되었기 때문이다.

마지막 웃는 자가 가장 잘 웃는 자라고 속담은 말한다. 그러나 진실로 마지막에 정복하는 자가 가장 잘 정복한다. 따라서 처형함으로 정복자가 되는 것이 아니다. 오, 불확실한 승리이다! 그러나 처형당함으로써 정복하는 자, 오, 이것은 영원히 확실한 승리이다! 그리고 이 희생, 순종의 희생, 하나님께서 그를 보시고 기뻐하신다. 순종하는 사람은 자기를 희생 제물로 바치지만, 그 희생 제물을 처형한 불순종에 진노를 집중시킨다. 살해당한 모든 사람이 순교자가 아닌 한, 이 희생 제물, 이 승리자가 "순교자"이다. 그러나 순교자는 통치자이다.

지금까지 폭군(황제, 왕, 교황, 예수회, 장군, 외교관의 형태로)은 결정적인 순간에 세상을 통치하고 다스릴 수 있었다. 네 번째 계급(fourth estate)이 설립된 시점부터—제대로 이해될 수 있는 방식으로 자신을 확립할 시간이 있을 때—순교자만이 결정적인 순간에 세상을 통치한다는 것이 분명해질 것이다. 즉, 인간은 더 이상 그런 순간에 그 세대를 다스릴 수 없다. 오직 하나님만 하실 수 있다. 그분께 무조건 순종하는 사람들, 기꺼이 고난 당하는 사람들의 도움을 받아서 하실 수 있다. 진실로 그들이 순교자이다. 이전 질서에서는 결정적인 순간이 지나면 질서 정연한 세속 정부가 인수했지만, 네 번째 계급이 성립되는 순간부터, 위기가 끝나더라도 세속적으로 통치하는 것은 불가능하다는 것을 알 수 있을 것이다.

아무리 많은 일과 책임이 관련되어 있더라도, 세속적으로 다스리는 것,

세속적인 방식으로 통치자가 되는 것, 이것은 방종이다. 따라서 다음에 기초하며 또한 비례해서만 가능하다: 가장 많은 수의 사람이 자신이 (정치적) 삶의 일부가 아님을 완전히 모르거나, [삭제: 그 일부가 되는 것] 그런 것에 신경 쓰지 않을 정도로 하나님을 두려워하는 것이다. 네 번째 계급이 성립되자마자 통치는 오직 신적으로, 종교적으로만 이루어질 수 있다. 그러나 종교적으로 다스리는 것, 종교적으로 통치자가 되는 것은 고난 당하는 자가 되는 것이다. 종교적으로 다스리는 것은 고난이다.

이 고난 당하는 자들(통치자들)은 많은 경우, 감히 자신의 길을 가고자 한다면 자연스럽게 멀리 떠나고 싶을 것이고, 이 세대와 작별하고 싶을 것이다. 관조의 고독 속에서 삶을 보내거나 삶을 즐기기 위해서 말이다. 하지만 두려움과 떨림 속에서 하나님께 대한 책임을 생각할 때, 그들은 감히 그렇게 하지 못한다. 사람들은 세속에서 통치자로 선택되는 것을 행운으로 여기지만, 종교에서 통치자로 선택되는 것은 오히려 형벌과 같다. 인간적으로 말하자면, 어쨌든 고난이며, 장점과 정반대이다.

국가, 교회, 그리고 관련된 모든 것(예술, 과학 등)에 불평하며 만족을 느끼지 못하는 이 세대는, 그대로 두면 원자의 세계로 분해될 것이다. 그런데도 진전은 이루어질 것이다. 하나님께서 이제 추상이나 대표적 개인을 통해서가 아니라, 말하자면 그 세대의 무수한 개인을 양육하는 일을 스스로 맡게 되고, 모든 사람, 각 개인을 개별적으로 지켜보는 학교 선생이 되는 진전이 이루어질 것이다. 여기서 사고는 멈춘다.

세상의 모양은—어떤 것과 비교해야 할지 모르겠지만—거대한 크리스티안스펠트(Christiansfeldt)[52]와 비슷할 것이다. 가장 강력한 두 반대자가 이 현상의 해석을 놓고 서로 경쟁하면서 현존해 있다.—공산주의(communism)가 다음과 같이 말할 것이다: 이런 식으로 이것은 세속적으로 옳다. 사람 사이에는 어떤 차별도 없어야 한다. 부와 예술, 과학과 정부 등은 악이다. 모든 사람은 공장의 노동자처럼, 교도소의 수감자처럼 똑같이 옷을 입고, 똑같은 음식(하나의 거대한 솥에서 만든)을 똑같은 시간에, 똑같은 양으로 먹어야 한다.

경건주의(pietism)는 다음과 같이 말할 것이다: 이것은 기독교적으로 옳다. 사람 사이에 차별은 없어야 한다. 우리는 서로 형제자매가 되어야 하며 모든 것을 공통으로 가져야 한다. 부, 지위, 예술, 과학 등은 악이다. 모든 사람은 한때 작은 크리스티안스펠트에서 그랬던 것처럼 똑같이 옷을 입고, 정해진 시간에 기도하고, 제비를 뽑아 결혼하고, 정해진 시간에 잠자리에 들고, 한 접시에 담긴 같은 음식을 일정한 리듬으로 먹는 등 똑같아야 한다.

이것이 시대에 대한 나의 관점 또는 개념이다. 본질적으로 시인의 무언가를 가지고 있는 하찮은 사람의 견해이다. 다른 측면에서 일종의 사상가의 견해이다.—그렇다, 내가 얼마나 자주 반복했는지, 나에게 매우 중요하고 결정적인 나에 대한 첫 번째 진술, 그것은 "권위 없이"라는 말이다.

• Pap. IX B 12 n.d., 1848

이 서문은 앞서 말했듯이[53] 기대에 찬 글이다. 이 책은 작년 말의 소론 한 편을 제외하고는 약 2년 전에 썼다. 이 서문의 연대가 1848년 10월이고, 『기독교 강화』가 출간된 48년 봄부터 몇 편의 단편을 썼기 때문에, 사실 이 서문보다 더 오래된 글들이지만 나중에 출간될 것이다. 그러나 그것들은 이 책의 전제가 되는 이 책이 출판되기 전에는 출판될 수 없었다. 반면에 이 책의 서문은 그 작품들이 출판된 후에 더 잘 이해될 것이다.

• NB9:79, Pap. X1 A 79 n.d., 1849

참고

참고   참고

내가 이번에 "작가로서 나의 작품에 관한 관점"을 출간하지 않은 것은 결국 섭리가 행하신 것이다.[54] 이 얼마나 무거운 마음의 조바심인가! 이 책은 역사적인 책이며, 내가 살아 있는 동안 출판하는 것에 조금이라도 의문이 있다면, 그보다 먼저 출판해야 하는 중간 단계의 일련의 글들을 거쳐 쓰여진 책이기 때문이다.

실제로, 존재 자체가 지금처럼 일깨움을 위해 설교를 할 때, 나는 감히 그 방향으로 더 많은 것을 끌어 올릴 수 없다는 것이 점점 더 분명해지고 있다. 그런 특별한 것은 나에게 맡겨지지 않았고 어떤 인간에게도 맡길 수 없다. 부드럽고 세련되고 지나치게 문화화된 시대에 나는 일깨움을 위해 존재했고 또 그래야만 했다. 현재 나는 기존 질서에 더 가까이 다가가야 한다.

> [여백에서: 종교적인 것, 본질적으로 기독교적인 것은 혼돈의 시대에 가장 큰 이점을 발휘하는 것이 사실이며, 온화해지기는커녕 오히려 대가를 더 치르게 된다. 다른 곳에서 보여드렸듯이 그리스도도 마찬가지이다. 그러나 나는 그렇게까지 모험을 감행할 용기도, 힘도 없다. 그것은 주제넘고 개인적으로 파괴적이며 혼란을 가중할 것이다]

나는 작가 활동을 그만두겠다는 생각을 아주 일찍부터 해왔다. 언제 그만둬야 할지 아는 작가라는 자리가 아직 비어 있다고 자주 말했다. 사실 전에 『이것이냐 저것이냐』를 출간하면서 일찍이 그만둘 생각을 했었다. 하지만 『기독교 강화』를 출간할 때 거의 그만 둔 셈이었다. 나는 집을 팔고 그 대가로 2천 달러를 받았다.[55] 그 돈을 여행에 사용하고 싶었다. 하지만 여행에 소질이 없었고, 여행할 때는 무엇보다도 생산성이 떨어질 것 같았다. 그래서 나는 집에 머물면서 그나마 혼란스러운 시기를 더욱 괴롭게 보냈고, 채권 투자로 돈을 잃었다. 이 기간 내내 계속 생산했지만(그리고 이러한 고통과 우울함이 없었다면 성취하지 못했을 것을 썼다), 점점 더 지연되는 데 익숙해졌다.

이제 『이것이냐 저것이냐』의 두 번째 판이 나오지만, "윤리적—종교적 소론의 주기"는 그것과 정확하게 연관되어 있으며, 출판물은 내가 가야할 방향과 일치한다. 내가 준비한 것은 그대로 있을 것이다. 그것은 금이지만 매우 조심스럽게 사용해야 한다.

- NB11:8, Pap. X1 A 302 May 4, 1849

[여백에서: 5월 4일]

참고

작가로서 스스로 수없이 반성하는 가운데, 나는 스스로를 우울증으로 괴롭게 한 적도 많았다.

핵심을 말하자면, 나는 믿음으로 기도하는 대신 끔찍하게 현명해지고 싶었다. 미래를 안전하게 만든 후에, 멀리 떨어진 곳에 앉아 글을 쓰려고 했다. 아니, 하나님은 반드시 일을 처리하신다. 그리고 이 시대가 필요로 하는 것이 시인 한 명 이상이 아니다. 그런 식으로—먼저 생계를 꾸리고, (아마도 자격이 전혀 없는) 임명을 받고, 그다음에 글을 쓰는 것—나는 먼저 하나님의 나라를 구하는 것을 잊어버리게 될 것이다.

그래서 나는 그토록 끔찍한 고통을 겪었다. 내게 주어진 형벌이다. 또한 자신을 헌신하지 않고, 그저 느슨하게 매달리고 결정적인 것에서 멀어지고 싶어했기 때문에 고통을 겪었다.

내 글에서 나 자신을 너무 높게 평가한 것은 아닌지 깨닫게 해 주고, 내 영혼과 너무 동떨어진 무언가에 대한 모든 저급한 쓰레기를 설명해 준다.

그리고 여행의 요점은 무엇인가? 결국, 자신이 잊히려는 시도가 무익한 방식으로 표시되며, 해외로 나가면 의심할 여지 없이 내가 비겁해서 여행으로 도피했을 뿐이라는 생각으로 괴로워할 것이다.

지금이야말로 순간이다. 이 순간을 지나칠 수 있지만, 그 순간을 지나친 것을 회개하고 더 이상 인간이 아니라고 자책할 수 있는 영원이 있다.

이제 두 편의 소론이 출간된다: "인간이 진리를 위해 처형당할 권리를 갖는가?"와 "천재와 사도의 차이" 그러나 가명으로 작성되었다. [추가: 5월 5일 오늘, 이 글들은 Gjødvad[56]로 보내졌다]

이전에는 삶이 쉬웠지만 이번에는 영리함이 나에게 좋지 않게 작용했다. 분명히 삶이 더욱 힘들어지고 있다. 특히 나를 더욱 괴롭게 하는 것은 경제 상황이다.

이 '순간'을 놓치면 전체 생산성의 요점과 위치가 사라진다. 그러면 『이것이냐 저것이냐』의 두 번째 버전이 모든 것을 압도할 것이다.

그러나 나는 대가이자 주인 노릇을 하고 싶었고, 스스로 조종하고 싶었다. 침울하게 회피하고도 싶었고, 하나님 앞에서 나를 정당화하고도 싶었다. 나에게 주어진 모든 것을 순수한 즐거움으로 받아들이고 싶었다.

• NB11:23, Pap X1 A 318

《윤리적—종교적 소론의 순환》의 서문, 이 책은 더 작은 부분으로 나뉘어져 있으므로 실제로는 존재하지 않았다.

이 책은 1848년 이전에 쓰였다.[57] 그건 그렇고, 이것은 무관심한 문제이며, 이 책이 시간과 모든 시간에 관한 진리의 무관심이라고 할 수 있는 것을 포함하고 있는 정도에 비례한 모든 것이다. 이 책은 그중 일부를 포함하고 있으며, 1848년 이전에 쓰였다는 것은 무관심한 문제이다. 혹은 1848년이라는 해가 모든 조건을 비인간적으로 바꾸어 이전에는 지혜였던 것이 이제는 난센스가 되어 버릴 정도로 비인간적으로 변하지 않는 한, 그중에 아무것도 포함되어 있지 않다. 따라서 1848년 이전에 쓰였든 그것은 무관심의 문제로 남는다.

다른 한편으로, 가장 어리석은 난센스도 1848년 또는 그 이후에 말하면 지혜가 되었다. 이 해는 "큰 소란"으로 모든 사람, 전체 민병대를 "사상가"로 위장하여 토론에 참여하게 했다. "사상가"에게 휴가를 주었다.

• NB11:35, Pap. X1 A 331 n.d., 1849
"두 개의 윤리—종교적 소론"의 1번 소론과

그에 동반한 작품에 관한 한마디

본질적으로 내 삶에 관한 정보는 조금도 없다. 내 삶을 한마디로 하면, 나는 단순히 참회자라는 것이다. 고난을 통해 참회하고, 일반적으로 참회

자만이 진리를 섬기기 위해 아주 잔인하고 힘든 삶을 산다고 생각한다. 그렇지 않으면 사람들 사이에서 거의 발견되지 않을 정도로 높은 기준의 순결이 필요하다. 그러나 참회자가 되려면 용기가 필요하다.

이 에세이의 동반 글은 다음과 같이 표현할 수 있다: 희생이 될 정도로 자발적으로 진리를 섬기는 참회자(따라서 어떤 의미에서는 순수함과 완전함과는 거리가 멀다).

그러나 그런 작품은 시적으로 표현할 수 없다. 진지한 이야기를 하려면, 내 이름을 솔직하게 발표해야 하고, 내 삶이라는 것도 솔직하게 인정해야 한다. 이것이 바로 지금까지 내가 항상 생각해 왔던 것이고, 작가로서 내 작품에 대한 모든 직접적인 의사소통에서 그렇게 해 온 것이다.

• NB11:37, Pap. X1 A 333 n.d., 1849, JP III 2653

H.H.가 쓴 두 소론 사이의 관계

진리를 위해 스스로 처형당하도록 하는 것은 절대적인 진리를 소유하고 있다는 표현이다. 이에 상응하는 것은 다른 사람들과의 질적 차이[여백: 또는 두 번째 소론에서는 구체적인 질적 차이] 인데, 여기에 사도가 속한다.

그러므로 어떤 인간도 이러한 권리가 없다. 이에 관해서는 우리가 천재의 특성을 가진다. 권위는 정확히 필요한 것이지만, 천재는 권위를 갖지 않는다.

- NB11:38, Pap. X1 A 334 n.d., 1849

두 개의 소론 중 첫 번째 소론의 결론은 유지되었지만, 유머러스한 요소가 제거되었다는 점에서 수정되었다. 시화된 작품의 저자가 이중 반성을 철회하고 이를 제거하는 방식으로 수정된다. 이제 관대하고 또한 단순해졌다. 다음 내용을 추가할지 말지를 한동안 생각했다.

만약 그가 1848년에 살았다면, 인간적으로 말로 지금 당장 필요한 것은 "일깨움"이 아니라고, 분명히 이해했을 것이다. 그때 만일, 그가 그 질문에 벌써 대답한 것이 아니었다면, 아마도 철저한 방식으로 앉아서, 거친 반란을 막기 위해 인간이 스스로 처형당하게 만들 권리가 있는지 깊이 생각했을 것이다. [*]

이것이 생략되었다. 교리적인 내용에서 주의를 돌리기 때문이다. 즉, 인간에게 처형당할 권리가 있는가? 이것은 1847년과 1848년에도 충분히 대답할 수 있는 순전히 교리적이거나 종교적인 문제이다.

사실 이 모든 질문은 사람 되신 하나님(God-man)을 해명하기 위한 것이다.

- Pap. X1 A 335 n.d., 1849

[Pap. X1 A 334의 여백에서]

[*] 이것도 거기에 있었다: 그러나 내가 이미 그에 관해 한 가지 말한 것은 사실이다. 그는 죽었다는 것이다. 실제로 그의 "사후 논문"임이 제목 쪽에 나와 있다. 따라서 그는 존재하지 않았다고 말하는 것을 선호하지 않는 한, 그는 죽었다. 제목 쪽에 "시적 시도"라고 적혀 있기 때문이다.

• NB11:40, Pap. X1 A 337 n.d., 1849

1번 소론("두 개의 윤리-종교적 소론")의 후기는 모두 생략하는 것이 좋다. 사실 그것은 말도 안 되는 많은 일에서 나와 관련이 있다. 만약 내가 그것을 "시적 모험"이라고 부른다면, 나는 다음 호흡에서 소설적인 것과 시적인 것이 시시하다고 말할 권리가 없다. 그 후에 내가 본질적으로 사상가라고 선언한다면, 시적인 형식으로 표현하는 것에 어려움이 생긴다.

제목 페이지에 시적 모험—고독한 사람의 유작으로 충분하다.

[여백에: 그러나 아니, 그대로 두라.]

• NB11:41, Pap. X1 A 338 n.d., 1849

(두 소론 중) 첫 번째 소론은 시적이지만 플라톤의 대화 같은 의미이다. 순수한 추상을 피하고자 교훈적으로 접근한 방식인데, 개성을 끌어내기 위해 그런 개성을 만든 것이다. 그러나 더는 아니다. 우연히도 그의 소설적인 면은 가치가 없으며, 생각의 내용만 있다. 이러한 성격의 작품은 '사상가'와 '시인'의 통일성에 해당한다. 그런 사람은 시적 요소를 가지고 있다는 점에

서 추상적인 사상가와 다르지만 본질적으로 사고 내용을 강조한다는 점에서 시인과 다르다.

• NB11:53, Pap. X1 A 351 n.d., 1849

H.H.가 쓴 두 개의 소론과 함께 추가된 전체 작품

"저자로서 내 작품에 관한 메모", "저자로서 내 작품에 관한 세 가지 메모",[58] "저자로서 내 작품에 관한 관점"에서 볼 수 있듯이, 전체적으로 생각한 저술은 "금요일 성찬에서의 강화"[59]를 결정적으로 가리킨다.

전체 구조에도 같게 적용된다. "세 개의 경건한 강화"[60]는 나중에 나오는 것으로, 『이것이냐 저것이냐』의 두 번째 판과 함께 왼손으로 내민 것과 오른손으로 내민 것을 구별하기 위한 것이다.

"두 개의 윤리─종교적 소론"은 같은 방식의 저술에 속하지 않는다. 그것은 그 안에 있는 요소가 아니라 관점이다. 멈춰야 한다면, 멈출 곳을 확보하기 위해 미리 계획한 한 지점과 같을 것이다. 그것은 명백하고 실제적인 탁월성을 포함한다. 즉, 순교자, 사도 그리고 천재를 말한다. 이 소론에서 내 정보를 찾으려 한다면, 그것은 바로 내가 사도도 순교자도 아닌 천재라는 것이다. 이 명백한 탁월성은 실제 탁월성을 더욱 정확하게 결정하기 위해 포함된다. 대부분 사람에게 "천재"라는 범주는 전혀 차별이 없어서 무엇이든 의미할 수 있다. 바로 그런 이유에서, 두 소론에서처럼 질적으로 무한히 높은 기준의 것을 정의하는 방식으로 이 개념을 정의하는 것이 중요했다.

따라서 두 소론은 적절하게 신호의 성격이다. 그러나 변증법적이다. 그것은 다음을 의미할 수 있다: "여기가 멈추는 곳이다." 그때 다음을 의미할 수 있다: "여기가 시작하는 곳이다." 그러나 무엇보다도 개념적 혼란을 주지 않도록 주의를 기울이면서, 천재 그 이상도 이하도 아닌 오롯이 나 자신에게만 진실하게 남는다. 혹은, 양적인 "더"를 가진 시인이자 사상가로서, 자신이 쓰고 생각한 존재가 되는 것과 관련한 시인이자 사상가로서, 관습에 맞지 않는 자신에게 진실하게 남는다. 질적 '더'가 아니라 양적 '더'이다. 왜냐하면 질적 '더'는 진리의 증인, 순교자이며 내가 아니기 때문이다. 그리고 질적으로 더 높은 것은 사도인데, 내가 내가 아닌 것처럼 더욱 사도가될 수 없다. 나는 신성 모독과 종교적 영역을 불경스럽게 혼동하지 않도록나를 보호할 것이며, 혼란스럽고 건방진 생각으로 인한 매춘에 저항하고보호하기 위해 경건하게 최선을 다하고 있다.

• NB11:64, Pap. X1 A 362 n.d., 1849

H.H.의 작은 책은 전적으로 옳았다. 그렇게 큰 책임이 따르는 어려운자리를 함부로 맡을 수 없으니, 동시대 사람들을 파트너로 만들기 위해 초대할 만한 낮은 카드를 꺼내 든다. 누군가 이 작은 책에 걸려 넘어지면, 그

는 엄청난 색조를 일으키고 울부짖는다. 그것은 매우 놀라운 작은 책이기 때문에 그가 옳다. 그러나 그가 그토록 큰 소리로 울부짖었으니, 이제 그 다음은 내 차례이다. 따라서 그 작은 책에 내 이름이 적혀 있고 가능한 한 강력하게 표시되거나, 일어난 그대로[61] 출판되어야 했다.

• NB11:112, Pap. X1 A 411 n.d., 1849

유대인들이 지상의 왕국을 이해하는 방식과 같이, 그리스도께서 "하늘나라"라는 문구를 사용하신 것에 관한 Wolf Fragmenter(vom Zwecke Jesu und seiner J ünger, 30항)의 건전한 관찰이었다. 그래서 어느 정도 모호하다. 왜냐하면 그리스도께서는 그것과는 완전히 다른 개념을 연결시켰기 때문이다. H.H.의 두 소론 중 첫 번째에서, 이것이 어떻게 이해되어야 하는지 보여주었다. 그것이 "희생"의 개념과 함께 속한다는 것을 보여 주었고, 이 이중성은 그가 문제를 영적으로 이해했음을 보여 주었기 때문에 실제로 그를 향한 열정을 불러일으켰다.

• NB11:141, Pap. X1 A 441 n.d., 1849, JP VI 6420

서론의 첫 머리에 나오는 H.H.의 첫 번째 소론의 한 구절에 끔찍하면서도, 극도로 집중된 슬픔이 있다. 이미 어렸을 때 그는 이미 노인이었다. ...그는 계속 살았고 절대 젊어지지 않았다. 이 거의 미친 반전, 절대 젊어지지 않은 아이, 이미 노인이었고 절대 젊어지지 않은 아이.

오, 끔찍한 고통을 이 얼마나 무섭게 표현한 것인가.

그러나 우리가 이것을 가정한다면 그가 정말 노인이 되었을 때, 전혀 늙지 않았다는 차이가 있다. 왜냐하면 노인이 노인처럼 늙는 것은 아이가 노인처럼 늙는 것과는 다르기 때문이다.

• NB12:12, Pap. X1 A 551 n.d., 1849, JP VI 6447

[여백에서: 키르케티덴데(Kirketidende, 교회 신문)에서 H.H.의 책에 대한 비평에 대하여]

H.H.의 작은 책이 키르케티덴데(7월 21일 토요일)에 검토되었다. 사람들은 그것이 Mag. 키르케고르를 읽었던 "꽤 젊은 작가"의 작품이라고 생각한다. 훌륭하다. 대단한 비평가이다! 이 작은 책은 큰 의미가 있다. 이것은 내 모든 작품에서 가장 큰 가능성의 열쇠가 포함되어 있지만 내가 실현하고 싶었던 것은 아니다. 그리고 두 번째 소론에는 모든 윤리─종교적 개념 중 가장 중요한 개념, 그 모습이 나타날 때까지 내가 일부러 누락시켰던 한 개념이 들어 있다.[62]

하지만 책에 관해서는 아무 말도 하지 않겠다. 앞서 표현했듯이[Pap. X1 A 351, NB11:53], 이것은 잘못된 관점이다. 이 책의 방향을 바꾸겠다는 것을 뜻하기 때문이다.

아마도 비평가가 나를 얇은 얼음판으로 유인하기 위해 약간 속임수를 썼을 수도 있다.

이 비평에 관한 어떤 글을 쓰려면, 내가 그 "청년"을 옹호하는 위치에 서 있으며, 비평가가 그에게 부당한 일을 했다는 생각으로 작성해야 한다. 전문 비평가에 따르면 한창 청년인 그에게 어떤 기쁨이나 보상이 될 수 있 다면, 내가 특별한 관심으로 이 작은 책을 읽었고, 내가 아는 한 여기 가명 을 제외하고는 아무도 이해하지 못한 점(공감적 충돌)을 파악했으며, 아마도 가장 중요한 윤리—종교적 개념인 권위를 제대로 파악하고 조명했던 사실 을 발견했다면서 그에게 확신을 줄 수 있을 것 같다. 전문 비평가가 말했듯 이, 그가 아주 젊은 청년이라고 가정하면 나는 그에게 이렇게 말하고 싶다.

"젊은 친구, 계속 글을 쓰세요. 의심의 여지 없이, 당신은 내 작업을 계 속 맡길 수 있는 사람입니다."

그러나 아무것도 할 수 없으므로, 그 점에 대해서는 언급하고 싶지 않 다. 그것은 조금 재미있을 것이다.

• NB13:50, Pap. X2 A 119 n.d., 1849, JP I 187

기독교와 사변

[여백에서: 기독교와 사변]

기독교는 존재—소통(Existens-Meddelelse)이며, 권위를 사용하여 세상에 들어왔다. 기독교는 사변의 대상이 되지 말아야 한다. 기독교는 계속 실존적으로 움직여야 하며, 크리스천이 된다는 것은 점점 더 어려워져야 한다.

간단한 예를 들어보자. 폭동 현장에 출동한 경찰이 "토 달지 말고, 비켜!"라고 말한다.

상대방에게 왜 토 달지 말라고 하는가? 경찰이 권위를 갖기 때문이다.

그때, 기독교에 객관적인 것은 없는가? 혹은 기독교는 객관적인 지식의 대상이 아닌가? 정말 그렇지 않은가? 객관적인 것은 사도가 말하는 것이다. 사도가 곧 권위이다. 그러나 토를 다는 것, 논쟁하는 것, 이러한 어떤 종류의 것도 말하자면 권위 뒤에 몰래 들어오지 못한다. 결국, 사도를 추론하거나 모든 것을 사변적인 사고로 바꿀 수 없다.

그렇다면 신성한 교리는 어떻게 세상에 들어올 수 있을까? 하나님께서 압도하고 권한을 부여하신 소수의 개인은, 긴 생애 동안 매 순간 교리를 위해 기꺼이 행동하고 인내하며, 모든 고난을 겪을 정도로 기꺼이 행동하고 인내한다. 무조건적인 순종, 그들의 가진 권위의 형태이다. 그들은 권위를 사용하여 하나님께 호소하지만, 하나님께 무조건 순종함으로 권위를 돕는다.

당신이 자발적으로 그렇게 하지 않는다면, 우리는 모든 고난을 겪을 준비가 되어 있으며, 누가 더 강한지 알아낼 것이다. 마치 경매에 참여하는 것과 같다. 사람들은 하나님이 보낸 사람을 두려워하고, 모든 공포를 보여주고 싶어 하지만 사도는 말한다.

"그런데도 나는 경매에 부칩니다. 나는 무조건적인 순종에 사로잡혀 있습니다. 이에 따라 인내하면서 당신보다 더 높은 가격을 부를 수가 있기에, 당신은 나보다 더 높은 가격을 부를 수 없지요."

사도는 인내하고 마침내 죽는다. 이제 그에게 설득력이 있다. 세대를 강요하여 신성한 교리를 그 세대에 가져온다. 사도의 무조건적인 순종은 그 자체로 그가 신성한 권위를 가졌다는 설명이 되며, 바로 그 자신이 말한 것이다. 사도가 살아 있고 노력하는 한, 가장 무조건적으로 순종한다. 사도가 자기의 신성한 권위에 기꺼이 귀를 기울일 수 없기 때문이다. 그러나 사도는 죽고 그 권위는 더 큰 효력을 발휘한다.

H.H.가 쓴 이 두 개의 작은 논문은 아주 교훈적이다.

• NB14:101, Pap. X2 A 279 n.d., 1849, JP IV 4457

H.H.의 경우에 대하여

[여백에서: H.H.의 경우에 대하여]

반성 이후의(그 너머의) 단순성을 어떻게 생각하든, 단순성은 직접성의 단순성과 절대 같지 않다. 그것은 항상 존재하지만, 윤리적으로 종속된 반성적 지식으로 정확하게 구별된다.

바로 직접성의 순교자와 반성의 순교자, 이 둘 사이의 차이점이다. 따라서 직접적인 순교자는 진정으로 공감하는 충돌을 할 수 없다.

반성을 통해 생각을 정리한 사람은, 반성에 대한 어떤 집착도 없이 그저 직접적인 사람이 내린 단순한 결단처럼 그 결단이 나타날 것으로 생각하기 쉽다. 이것은 매우 웅장해 보인다. 하지만 의심 후에 확실성에 도달한다는 모든 헤겔적인 이야기만큼 쓰레기 같은 것이다. 이런 식으로 말하는 유일한 사람은, 아무것도 시도해 본 적이 없는 사람들, 정확하게는 진지하게 시도하는 것에서 가장 멀리 떨어져 있는 사람들이다.

• NB14:102, Pap. X2 A 280 n.d., 1849, JP VI 6557

[여백에서: 피터에 대하여]

피터에 대하여[63]

12월에 피터가 내려왔다.[64] 지난 대회[65]에서 마르텐센과 나에 관해 강연한 적이 있다고 했지만, 내가 그 강연을 들어보지 않았다는 사실을 알고 놀랐다. 또 그 강연에서 R. 닐슨과 특정 H.H.에 관해 실제로 논평했다고 말했다.[66] 나는 그에게 H.H.가 나라고 말했다. 피터는 약간 당황했다. 아마도 그가 작은 책을 많이 읽지 않았을 것이고, 더욱이 그것을 내가 쓴 것이 아니라는 것을 완전히 확신했기 때문이다. 그래서 우리는 그 이야기를 조금 더 나누었다. 피터가 말했다.

"이제 더 이상 얘기할 필요가 없네. 나는 그보다 먼저 강의안을 써야 해."

그는 강의안을 작성했다. H.H.를 짧게 다루었다. 또한 그가 S.K와 놀랍도록 닮았다고 했다. 그가 대회에서 실제로는 무엇을 말했는지 하나님만 아신다.

특히 양심적인 사람이 되고 싶을 때, 이것은 어색한 상황이다.

나에게 조금 불쾌감을 주는 방식으로, 그는 최근 강의에서 "모든 것이 당신의 것입니다"[67]라는 성경 구절도 인용했다. 이전에 그와 대화를 나눌 때, 어떤 생각과 발전에는 반드시 그 출처를 밝혀야 하는 정직성이 필요하다고 내가 그를 비난한 적이 있었다. 그러나 그는 참된 신자에게는 그런 것은 전혀 필요하지 않다고 말하면서 "모든 것은 당신의 것이다"라고 대답했다.

• NB14:107, Pap. X2 A 285 n.d., 1849, JP VI 6562

피터에 대하여

[여백에서: 피터에 관해]

"침묵하는 사람만이 순교자가 된다"라고 말할 때, 피터는 그것을 말하는 것이 모순이라고 생각한다.[68] 맞는 말이다. 하지만 바로 그 지점에서 새로운 방향을 잡고 싶었기 때문에 그런 일이 일어났다. 친애하는 피터, 여기에는 피터가 알지 못하는 일관성이 있다.

그러나 나는 책 자체에서, 순교는 여전히 가능하나 동시대 사람들은 이것을 엄청난 오만함으로 여길 것이기 때문에 사람이 진리를 위해 처형될 권리를 가질 수 없다는 논지를 옹호했다. 따라서 사람을 사형에 처할 수 있다.

그리고 마지막으로 진실을 위해 사형에 처하는 것과 같은 단계의 일부는 동시대 사람들이 적절한 방식으로 죄책감을 공유하도록 돕고 참여에 대한 초대를 연장하는 것이다.

덧붙여서, 이 모든 내용과 훨씬 더 많은 내용은 내가 H.H.를 발표했던 시기의 일기[예: Pap. X1 A 302, 305, 306, 328, 334, 218-19, 232,233-35, 236쪽][69]에 기록되어 있다.

그러나 결국 그러한 것들은 비밀 기계를 공개하지 않고는 꺼낼 수 없다. 반면에 나는 피터가 특별히 수완이 풍부한 콤비네이터[combinateur, 변증법적 가닥의 결합자 또는 직조자]가 아니라는 것을 안다.

• Pap. X5 B 11 n.d., 1849

샬링(Scharling)과 엥겔스토프트(Engelstoft) 저널의

두 개의 윤리─종교적 소론에 대한 비평으로 인한 몇 마디

S와 E의 신학 저널이 존재한다. 그것들은 몇 년 동안 존재하는 동안 변화를 겪었고, 새로운 제목을 얻었다. 샬링(Scharling)과 E 대신에, E와 Sch로 읽었다면, 이보다 더 큰 변화는 없을 것이다. 이 저널에 관해 할 말이 많지

않다. 이 정도만 확실하다. 이들이 역설과는 아무런 관련이 없다는 것이다.

이 저널이 가진 계획이 얼마나 부족한지는 Mag. K가 쓴 글의 운명을 보면 알 수 있다. Mag. K는 몇 년 동안 저자로 활동해 왔지만 지금까지 이 저널은 그가 쓴 어떤 글도 비평할 자리를 찾지 못했다. 사실, 자체 비평을 검토할 정도로 자기 자신에 몰두하는 저널에 왜 이를 위한 자리가 있겠는 가. 한 기간 동안 M. K의 책은 단지 언급되었을 뿐이고, 편집진이 무료 사 본을 받지 못했다는 메모가 독자에게까지 알려졌다. 이는 아마도 편집진 이 무료 사본을 받지 않으면 책을 검토하지 않는다는 의미일 것이다.

따라서 사람들이 생각하듯 구독자가 의무를 가지는 것이 아니다. 저자 에게 세금을 부과하는 것이므로 무료 사본을 제공해야만 심사를 받을 수 있는 행운을 누릴 수 있다. Mag. K는 그렇게 하지 않았고 운이 좋게도 비 평받지 않았다. 그렇게 시간이 흘렀다. 저널이 나왔고 Mag. K의 책이 언급 되었고 편집진이 무료 사본을 받지 못했다는 내용이 실렸다. [여백에서: 내 가 보기에 충분히 이상한 일이었지만, 이것은 그랬다. 하지만 우리는 여전 히 이상한 일을 충분히 받지 못했던 것이고, 더 이상한 일이 일어났다] 나 중에 방법이 약간 변경되었다. Mag. K의 책을 몇 마디 언급했고, 거기에 누군가가 비평을 맡는 것이 바람직하다는 것, 아직 아무도 검토하지 않은 것은 설명할 수 없다는 것 등이 추가되었다. [여백에서: 이 책들은 "특히 비 평하기에 적합하다." 그래서 이 저널에 관해 말하자면 이렇다. 자체 비평을 하지 않았으나, 비평하기에 적합하다고 여러 차례 반복한 유일한 저널, 문학 저널에는 어울리지 않는 행동]. 다시 한번, 이상한 말하기 방식이다. 그것은 우리가 가진 유일한 저널인데, 책을 비평하는 대신 반복만 하는 것이 이상하다. 하지만 이 정도면 충분하다.

작년에 H.H.의 작은 책이 나왔다. 그것은 문학에서 흥미로운 운명을 가졌다. 저자는 Mag. K의 추종자인 보잘것없는 사람으로 취급되었다. 키르케티덴데(Kirketidende)에서는 저자가 아주 젊은 사람이라고 말한다. 나중에 키르케티덴데에서 성직자 회의의 첫 번째 거만한 대변인(현재 목소리를 내는 국회의원)인 K 박사가 가장 서둘러 몇 마디를 던졌다. [여백에서: 그러자 신학교를 졸업한 하이오르트(Hiorth)가 달려와서 H.H.가 Mag. K의 Schupler (추종자)라고 말했다]마침내 우리의 근면하고 선량하며 열정적인 샬링 교수가 저널에 몇 편의 글을 남긴다. 한 에세이의 제목은 "인간이 진리를 위해 처형당해도 되는가?"이다. 비평가는 저자가 Mag. K의 추종자라고 생각하지만, 전반적으로 분별력이 없다. 그는 자기 재능을 더 가치 있는 주제에 적용하기를 바랄 뿐이다. 그리고 그 비평가는 신학 교수이다. 이 문제와 H.H.가 제기한 방식은 기독교가 던지는 근본적인 질문과 절대적이면서 또한 본질적으로 관련이 있다. 이보다 크리스천에게 더 가까운 질문은 거의 없다: 인간에게 진리를 위해 처형당할 권리가 있는가? 그러나 공식적인 지위와 생계를 얻는다는 측면에서, 기독교와 자신을 연관시키는 사람에게는 모든 질문 중에서 이것이 가장 먼 것처럼 보일 수 있다.*

그러나 사람들이 이 작은 책을 사소하게 만들 정도로 아주 바빴기 때문에, 그들은 아마도 내 판단이 완전히 다르다고 말하도록 허용할 것이다. 내가 이 작품을 중요한 것으로 여기며, 이 저자를 부러워하고 싶은 유혹을 느낄 수 있다고 말하도록 허용할 것이다(아마도 나 역시 이 저자에게 빚을 졌을 테니까).

> * 기독교는 이 질문에 실존적으로 답함으로써 세상에 들어왔다: 인간은 진리를 위해 처형당할 권리가 있는가? 그러나 물론 그 당시에는 신학 교수가 없었다. 실제로 신약성경에는 '교수'라는 단어가 한 번도 언급되어 있지 않다. '교수'는 그 질문이 난센스에 가까운 조용한 시대의 후대의 발명품이지만, 기독교의 진리와 삶의 진지함은 교수라는 직책에 있다.

• NB16:64, Pap. X2 A 533 n.d., 1850

379년 카파도키아 가이사랴의 주교였던 바실 대제는 이 말을 아주 잘 표현한다.

그는 풍류가들(allegorists)[70]과는 반대로 "나 자신에 관한 한, '풀(grass)'이라는 말을 들으면 '풀'을 이해한다.

"나는 식물과 물고기, 동물과 가축 등 모든 것을 말하는 그대로 받아들이며 복음을 부끄러워하지 않습니다. 다른 사람들은 어떤 $\pi\alpha\rho\alpha\gamma\omega\gamma\alpha\iota$ (단어의 거짓 혹은 부정확한 파생) 또는 $\tau\rho\sigma\pi\sigma\lambda\sigma\gamma\iota\alpha\iota$(풍유적 해석)과 함께 자신의 독창성을 통해 성경에서 어떤 성스러움을 얻으려고 노력했습니다."(클라우센[71]

의 해석학, 165쪽 참조).

이것이 H.H.가 한 일이다. 고상한 것, 심오한 것, 기적적인 것, 즐거운 것 등에 관한 모든 것은 단순한 것에 순종하기 싫어하는 애착(Affectation)[72]이다. 혹은 실제로 순종하기 싫어하는 애착이며, 따라서 로마인들이 아우구스투스[73]의 멍에를 떨쳐버릴 수 없다고 느꼈을 때, 그를 다른 범주의 대체물인 신이라고 시화했던 것처럼 모든 것을 다른 범주로 이끄는 애착이다.

• NB22:24, Pap. X3 A 637 n.d., 1850

H.H.의 두 개의 소론 중에 첫 번째 소론에 관하여

침묵하는 동안에만 행동할 힘이 있다고 거기에 언급되어 있다. 정말 순교자가 되고 싶다면, 말하지 말아야 한다.

피터는 대회 연설에서 여기에 모순이 있음을 발견했다.[74] 그래, 맞다. 이 방향에서 멈춰야 했기 때문이다. 또한 그러한 조처를 함으로써 사람은 다른 사람들에게 그에 따라 행동하도록 촉구해야 한다. 물론, "나는 나 자신이 처형되게 할 것이다"라는 것과 익명으로, 따라서 시적으로 이러한 생각을 소개하고 이런 식으로 여전히 순교의 가능성을 열어 두는 것은 별개이다. 사람들은 아주 분노하게 될 것이다. 왜냐하면 인간은 진리를 위해 처형당할 권리가 없다는 원칙을 옹호했기 때문에, 그 이유로 사람들이 그를 처형하게 할 것이기 때문이다.

이 모든 것은 그 당시 일기에 분명히 기록되어 있고(예를 들어, NB11:64, NB14:107), 여기에 기록하는 것은 불필요한 일이며, 이를 확인하기 위해 오래된 일기를 뒤지는 것을 피하기 위해서만 기록하고 있다.

• NB27:86, Pap. X5 A 87 n.d., 1853

그리스도께서 처형당하는 지점까지 발전되도록 내버려두신 것, 이것은 인간의 직접적인 본보기가 될 수 없다.

여기서 내가 염두에 두고 있는 것은 H.H.(두 개의 윤리-종교적 소론)가 문제를 제기한 방식이다. 그리스도는 사랑이다. 그렇다면 어떻게 그분은 사람들이 그분의 죽음에 죄책을 느끼게 내버려두실 수 있을까? 완화하는 것이 사랑이 아닐까? 여기서 H.H.는 특히 다른 지점을 지적한다. 즉, 그리스도는 진리이기 때문에 그분께서 양보할 수 없었다는 것이다. 하지만 문제를 절정까지 끌고 가셔야 했다.

그러나 내가 기억하는 한, H.H.가 이 문제에서 주의를 기울이지 않은 다른 유리한 점이 있다. 즉, 그리스도께서 자신이 처형당할 정도로 상황을 발전시키도록 내버려두셨다는 사실이 사랑 자체라는 것이다. 왜냐하면 그분의 죽음은 참으로 속죄이며 그분의 생명을 빼앗은 사람들을 위한 속죄이기 때문이다. 그분이 처형당하지 않았다면, 실제로 그분의 운명을 이루지 못했을 것이다. 그분은 실제로 고난 당하고 죽기 위해 세상에 오셨기 때문이다.

　그러나 어떤 인간도 이런 상황에 부닥칠 수는 없다. 인간은 하나님과 자신, 곧 유일한 둘만이 알 수 있는 고독한 지식이라는 의미에서 자기가 겪는 고난이 다른 사람들에게 속죄하거나 유익할 것으로 생각할 권리가 없다. 아니, 이것은 인간 이상의 존재를 위한 법이 될 것이다. 아니, 인간으로서 그는 하나님이 다스리시고, 조언하시도록 해야 하며, 자신의 이해와 모든 허용되는 수단을 써 고난을 피하도록 해야 한다.

참고자료

1   1807년 코펜하겐 전투: 나폴레옹과 대치 상태에 있던 영국이 코펜하겐을 해상 봉쇄
    하라고 요구하지만, 덴마크 정부가 이를 받아들이지 않자, 1807년 8월 15일부터,
    덴마크인들이 영국에 항복을 선언한 9월5일까지, 덴마크 시가지에 로켓을 발사하
    고 포격한 사건이다; 1813년 국립 은행 파산; 이 두 사건으로 인해 1820년대까지 덴
    마크는 경제적 어려움을 계속 겪어야 했다. 1830년대에는 정부 부채를 상환하는 일
    이, 덴마크 정부뿐만 아니라 일반 국민에게도 심각한 관심사였다. 1835년부터 정
    부가 일반에게 재정 상태를 공개했는데, Kjøbenhavns-posten, Fædrelandet와
    Kjøbenhavns Flyvende Post 두 개의 신문은 이것을 주제로 국민 사이에 포괄적인
    공개 토론을 끌어냈다. 후자의 신문은 다음과 같이 보도했다(65호, 1835년 12월 11
    일): "요즘과 같은 어지러운 국제 상황에서도 20년이 넘는 기간 동안 대내외적으로
    가장 평안한 상태를 누려온 이 국가가 매년 100만 릭스달러 이상의 적자를 내고 있
    다는 것은 아주 우울한 일이다. 국가의 내부적인 평화조차 깨지고 다시금 평화를 정
    착해 가는 과정에서 비교적 큰 재정 부담을 안고 있지만, 유럽의 다른 국가들은 부채
    를 갚는 것은 물론이고, 세입을 줄이면서까지도 연간 예산 관련한 조세에 관련하여
    정부 재정에 흑자를 내고 있을 정도로 상당한 개선 조처를 하는 것을 돌아보라."

    또한, 다음과 비교해 보라. 알그린 우싱(T. Algreen-Ussing)의 논문(Kjøbenhavns-
    posten, 340호, 3, 1836년 12월)에서 국립은행장 방(P. G. Bang)의 말을 인용했다.
    "덴마크처럼 엄청난 부채를 짊어진 국가에는, '평소에 진전이 없는 것이 바로 퇴보'
    이며, 만일 이 상태에서 더 나아가 혹시라도 전쟁이 일어나고 우리 또한 전쟁에 휘말
    리게 된다면 '그로 인한 모든 다른 끔찍한 결과는 물론이고 국가의 파산을 피할 수
    없게 될 것이다.'"

2   창세기 11장 1절부터 9절에 나오는 바벨탑 이야기를 가리키는 말로, 태초에는 땅의
    모든 민족이 한 언어를 사용했다고 한다. 그들은 자신들의 이름을 알리기 위해 도시
    와 탑을 건설하기로 했다. 한 언어를 사용하는 한 족속의 무리는 자기들이 시도하는
    모든 것을 이룰 수 있다고 생각하신 하나님께서 "온 땅의 언어를 혼잡하게 하시고
    그들을 온 지면에 흩으셨다. "(9절)라고 성경에 이른다.

3 중세의 바벨탑 시도: 서로마 제국 시대부터 시작하여 로마 가톨릭이 다스리던 유럽 전체에서 교회, 교육 기관 및 국가 행정부 차원에서 공용어로 도입하여 사용한 라틴어를 말한다. 르네상스 시기를 거치면서 모국어와 각 지역의 언어를 재발견하게 되었고, 다음 세기에는 점점 더 많은 언어가 라틴어 대신 문자로 사용되기 시작한다.

4 국가와 방언의 혼란: 모국어와 더불어 각 지역의 방언을 다시 사용하기 시작하면서, 어떤 방언이나 혹은 언어의 형태를 공통 언어로 사용해야 하는지에 관해, 특히 이탈리아를 비롯해 다른 여러 나라에서 치열한 논쟁이 벌어졌다.

5 추첨, 즉 제비뽑기로 무엇인가를 뽑을 수 있는 표가 든 가방을 뜻한다.

6 넘어서다(kommen ud over): 다른 철학자를 '넘어선다'라는 의미로 쓰이는 용어이다. 예를 들어, 1830년대에는 독일의 관념론이 칸트, 피히테, 셸링을 이어 헤겔로 넘어가 '완성되었다'라는 것이 통념이었고, 1831년 헤겔이 사망한 후에는 누가 헤겔을 "넘어야 하는가?"가 문제였다. 헤겔을 '넘어서는' 또는 헤겔을 '뛰어넘으려는' 수많은 시도와 노력이 있었다(F.C. 시번의 페르세우스 리뷰 참조).

7 개념의 내재적 부정성: 헤겔의 변증법적 개념을 암시하는데, 헤겔에 의하면 개념은 완전하고 유기적인 체계를 형성하며 변증법적 방식으로 관계한다. 첫째, 주어진 개념이 설정된다(예: 존재). 이 첫 번째의 긍정적 개념은 그 자체로 부정(예 : 무)을 포함한다. 따라서 이 두 번째 개념이 원래 설정되었던 첫 번째 개념을 부정한다고 한다. 마지막으로, 부정에 대한 사변적인 '합리적인' 부정으로, 즉각적인 개념과 부정적인 개념이 모두 화해되는 지점인, '더 높은 통일성'의 단계로 올라간다. 예를 들어 '존재'와 '무'는 '됨(생성, becoming)'에서 통합된다. 따라서 체계 전체에 걸쳐 부정은 불완전하지만, 그것을 극복하는 원동력이기도 하다. 이 부정성은 모든 삼위일체에서 나오며, 원래 긍정적 개념에서 발생했을뿐더러 또한 외부에서 온 것이 아니기 때문에 '내재적'이다. 헤겔의 말로, 부정은 변증법을 전진시키는 원리이다.

8 덴마크에서는 J.L. 하이버그라는 이름이 떠오른다. 하이버그(1791~1860)는 작가, 편집자와 비평가로서 특히 1829년에는 교수를 역임했으며, 1830~1836년에는 Den kgl 군사 대학에서 논리학, 미학 및 덴마크 문학 강사였다. H.L. 마르텐센(1808~84)도 있다. 나중에 부교수(1838)와 교수(1840)가 되었다. 코펜하겐 대학교에서 신학을 전공하고 코펜하겐 교구 주교(1854~84)를 지냈다. 두 사람 모두 헤겔의 철학 체계의 측면을 채택하고 계승했다.

9 한 사람이 몸을 구부리면 다른 사람이 '점프'하여 구부린 사람의 몸을 뛰어넘는 게임

이다.

10 1836년 8월 12일 자 종이에 쓴 메모에서 SK는 이렇게 적었다: "하이네(낭만주의 학파)는 슐레겔이 항상 이전 작품을 [현재 작품을 판단하는] 기준으로 삼고 거꾸로 가는 이상한 게걸음에 대해 열정적으로 비판하는 것은 옳다. 그러나 하이네와 그의 동료들은 가장 최근의 현대 작품이 제공하는 세세한 기준에 따라 모든 것을 판단하는 한, 즉 이 짧은 시간 동안에도 항상 비교하기 위해 1년 또는 반년 더 이른 작품이 있다는 점에서 반대되는 극단에 굴복한다."(Pap. I A 223)

독일 시인 하인리히 하이네는 독일 낭만주의 시인 A. W. 슐레겔을 비평하면서 다음과 같이 비판한다. "슐레겔은 시적 시민을 폄하하고 싶을 때, 퍼시(Percy)가 수집한, 오래된 영국 발라드와 자기의 발라드와 비교하여, 후자가 훨씬 더 단순하고 순진하며 진정성 있으며 결과적으로 더 시적으로 구성되었음을 보여준다." 키르케고르가 1836년 2월 16일 라이첼의 서점에서 구입한 하이네의 『낭만주의 학교』(Die romantische Schule), 함부르크, 1836; ASKB U 63), 127쪽 참조.

11 비평이 아니라 반비평: 정기 간행물 10권 [비평과 반비평: 최근 국내 문학에 관한 리뷰와 비평](Kritik og Antikritik eller Anmeldelser og Bedømmelser af de nyeste indenlandske Skrifter)을 가리킨다. 이 정기 간행물에는 최근 문학 비평이 실렸고, 저자들은 자신을 설명하고 이전 비평가들이 제기한 비평에 대응할 기회를 가졌다.

12 마르헤이네케의 기독교 교리의 기초, 다음을 참고하라. 베를린 1827, ktl. 644, "보레데", s. XXVI, 교의에 대한 필로소피엔스 베티딩의 헤더: "철학에서, 특히 데카르트에서 헤겔에 이르기까지, 진리를 탐구하는 정신은 모든 본질적인 순간을 통해 그 움직임에서 자신을 드러내며, 마지막으로 언급한 사려깊은 사상가가 가진 가장 큰 강점은 철학의 과거뿐만 아니라 전체 역사를 사변적으로 흡수하고 집중했다는 것입니다.". 또한 H.L. 마르텐센은 철학사에서 헤겔을 배치할 때 데카르트보다 헤겔의 합리성 원리를 더 선호했다고 생각한다.

13 자살은 비겁하다는 말: 크리스티안 바스홀름의 『자살에 관한 생각』(Betragtninger over Selvmord, 1787년 코펜하겐), 39쪽을 보면 다음과 같다. "자살은 언제나 영웅적이고 용기 있는 행동이며, 그토록 무서운 것들을 초월하는 방법을 아는 위대한 영혼의 증거라고 다른 하찮은 영혼들에 말한다. 그러나 그렇게 말하는 사람들이 영웅적인 용기가 무엇인지 과연 알고 있다고 우리가 믿을 수 있을까? 자살이란 비겁하

고 비열한 것으로 나는 생각한다는 것을 고백하지 않을 수 없다."

또한, 다음을 비교해 보라. V. Müller's Selvmord efter dets medicinske og moralske Aarsager betragtet[자살, 그 의학적, 도덕적 원인에 관한 고찰] Danish trans., J. W. Fischer (Copenhagen, 1796), 8쪽. "현명한 사람이 감히 이 단계[자살]를 감행한다면, 동료들 때문에 먼지에 짓밟힌 사람이 육신과 영혼이 갖는 고통의 무게에 마지못해 굴복할 때, 우리의 동정을 더 받을 자격이 있다. ... 운명에 짓눌렸음에도 자신의 내적 가치를 확신하는 사람이, 자기를 둘러싼 폭풍과 고통에서 벗어나 평화를 얻고자 그러한 조처를 하도록, 그 사람을 극단으로 몰아가고야 만 이 불행한 시기가 얼마나 많은 다른 결과를 초래했는지! 그러나 관능적인 쾌락에 거의 익사할 뻔한 많은 사람-비참하고 교만한-은 불행한 사람을 따라 '겁쟁이나 바보만이 칭찬할 수 없는 그런 방식으로 삶을 끝낼 것'이라고 외칩니다."

또한, 다음을 비교해 보라. J. W. Goethe's Die Leiden des jungen Werthers(젊은 베르테르의 슬픔), cf., Goethe's Werke. Vollständige Ausgabe letzter Hand vols. 1~55 (Stuttgart and Tübingen, 1828~33; ASKB 1641~1668), vol. 16, 1830.

14　결혼식 같은 행사 때 여성이 옷에 다는 작은 꽃장식

15　어느 날 동생이 루터교도가 되고 형이 가톨릭·신자가 되기까지는, 함께 행복하게 살았던 베스트팔렌의 두 형제 이야기를 암시한다. 이러한 혼란 때문에 아버지는 형을 외국으로 떠나보냈고, 형은 몇 년 후 편지를 보내 이제 형제의 신앙이 달라진 나머지, 같은 천국에서 만나지 못할 것이라고 불평했다. 형은 실험해 보자고 동생에게 제안한다. 동생이 형을 루터교 진리로 설득하거나, 형이 동생을 가톨릭 신자로 만드는 것이다. 두 형제는 만나기로 동의하고, 처음에는 서로를 비난하지만, 가톨릭 미사와 루터교 예배에 함께 참석하고 즐거워한다. 6주 후, 동생은 형에게 자신이 가톨릭 신자가 되었다고 편지로 전한다. 형은 분노에 찬 편지를 보내 형은 이제 루터교 신자가 되었으니 동생을 죽여도 되느냐고 묻는다. 그렇게 그들은 서로를 성공적으로 개종시켰고 모든 것이 이전과 같았으나 혹은 약간 더 나빴을 뿐이다. 다음을 참고하라. J.P. Hebels sämmtliche Werke, Erzählungen des rheinländischen Hausfreundes,bd. 1-8, Karlsruhe1832; bd. 3, s. 169-171.

16　체계를 대중화하다: 무엇보다도 헤겔 체계, 즉 사변을 일반인이 접근할 수 있도록 하는 것을 자신의 사명으로 여겼던 J. L. 하이버그를 가리킨다. 예를 들어, 『페르세

우스』, 1권, 1837, p. xi에 실린 그의 서문 "독자에게"를 참고하면 다음과 같다. "여기에 제시된 모든 것을 통해 이 임무의 주요 목표가 무엇인지 알 수 있습니다. 그것은 사변적 앎의 대중화를 추구하는 것입니다."

페르세우스 1호에 대한 F. C. 시베른의 리뷰도 참고하라. Maanedsskrift for Litteratur, vol. 19 (Copenhagen, 1838), p. 283. 이 리뷰에서 그는 사변적 사상을 대중화하려는 하이베르크의 열망을 비판한다: "하이버그가 출판한 철학 정기 간행물과 관련하여, 그가 사변적 앎을 대중화하는 것을 주요 목표로 삼을 것이며, 따라서 독자들을 그 문제로 더 깊이 이끌지 않고 다만 흥미롭게 만들 것이라는 것을 누구라도, 즉시, 전제했을 것이다."

17   라틴어로, "육체적 영향의 교리에 따라"라는 뜻이다. 정신적 표상과 표상된 대상 사이의 대응을, 영혼과 육체 사이의 상호 작용에 기반하여 설명하는 인식론의 명칭이다.

18   임마누엘 칸트(1724~1804), 독일 철학자: 1755년부터 1769년까지 사립학교 교사로 활동했으며, 1770년 쾨니히스베르크 대학교 교수로 임명되었다. 덴마크의 젊은 철학자들이 칸트의 가르침에 열렬히 빠져들었던 칸트 수용 초기를, 키르케고르는 언급한다. 그러나 이런 현상은, 당시 코펜하겐 대학의 철학의 특징이었던 '에우다이모니즘(eudaimonism)'과 '대중 철학'과는 대조적인 것으로, 예를 들어 리스브리그(B. Riisbrigh, 1731~1809) 교수가 대표적으로 제시했다.

칸트에 관한 열광은 칸트주의자들과 칸트에 반대하는 사람들 사이에 공개적인 갈등을 가져왔고, 정기 간행물들은 그런 긴장감을 두드러지게 하는 기사를 기꺼이 게재했다. 이 갈등은 종종 비학문적이었는데, 이는 정기 간행물『철학 레퍼토리움』의 서문에서 알 수 있듯이 Philosophisk Repertorium, ed. H. G. Sveistrup, A. S. Ørsted, and H. C. Ørsted (Copenhagen, 1798) 편에 잘 나타나 있다. 여기서 편집자들은 칸트가 코펜하겐에서 겪었던 4가지 오해에 주목한다. 이 오해의 공통점은 칸트 철학의 심오함을 이해하지 못한 사람들이 칸트 철학을 오만하게 무시하는 것이다. 이 정기 간행물의 주요 목표는 이런 종류의 묵살에 대응하는 것이었다. 이 저널은 익명의 논문에 관한 주석(209~235쪽)에서 칸트에 비판적인 입장의 논문에 관해 서지학적 참고 문헌을 나열했다(212~213쪽).

칸트 철학은 독일에서도 저항에 부딪혔는데, 인기 철학자 크리스티안 가르베(Christian Garv, 1742~98)는 『순수이성비판』이 불필요하게 이해하기 어렵다고 비판했다. 그는 칸트의 책이 추상적 사고에 대한 이해를 요구하지만 새로운 지식으로 풍부하게 하지 않았기 때문에 어렵다고 주장했다. 가르베에 따르면 후자의 이유는 이 책이 아일랜드 철학자 조지 버클리(George Berkeley, 1685~1753)의 사상에 기반을 두고 있기 때문이라는 것이다. 다음을 참고. Garve's Zugabe zu den Göttingischen Anzeigen von gelehrten Sachen[학습된 문제에 관한 괴팅겐 보고서의 보충자료] (Göttingen, 1782), pp. 40~48.

19   18세기는 좁은 과학 분야를 넘어 철학적, 역사적, 기술적 지식을 인간의 일반적 지식으로 확장하고자 하는 계몽주의의 열망으로 가득 차 있었다. 이러한 노력은 당대 과학 지식을 수집하여 모든 사람이 이용할 수 있도록 한, 프랑스 백과사전 엔시클로페디(Encyclopédie)에서 독특한 방식으로 표현되었다. 이 독특한 프로젝트와 함께 많은 소규모 사전과 백과사전이 출판되었는데, 예를 들어 다음과 같다. L. Moreri's Le Grand Dictionnaire his- torique [Great Historical Dictionary], vols. 1–6 (Basel, 1731–32; ASKB 1965–1969). 또한 다음을 참고. Allgemeine Encyclopädie der Wissenschaften und Kunste [Universal Encyclopedia of the Arts and Sciences], ed. J. L. Ersch and J. G. Gruber, vols. 1–53 (Leipzig, 1818–37; ASKB 1311–1363).

20   더 큰 체계를 요약된 전체로 편집하기 위한 표현이다. 철학적, 종교적, 문학적 주제에 관한 짧은 글의 제목에 자주 사용된다.

21   학문과 과학에의 일반적 관심은, 철학과 자연과학의 결과를 광범위한 청중에게 대중적인 형태로 제시하고자 하는 열망을 불러 일으켰다. 예를 들어, 크리스티안 가르베는 칸트를 비판하면서 모든 철학적 교리가 대중화되어야 한다고 주장했다. 칸트는 이에 동의했지만, 이 목표가 철학의 특수한 이익과는 분리되어야 한다고 주장했다. 칸트는 추상적 사고가 대중적 사고에 인위적으로 추가되는 것을 원하지 않았기 때문에 자신을 추상적 사고로 제한했다. 이 문제와 관련하여 칸트의 『도덕 형이상학』 서문 참조.

코펜하겐에서 칸트의 철학 또한 대중화되었다. 덴마크 철학자 C. 호르네만(1759~93)의 칸트 비판철학 강의는 대중적인 스타일을 가졌으며, '철학 입문자'를 위한 입문 강의로 여겨졌다(C. Hornemanns efterladte Philosophiske Skrifter [호르네만의 사후 철학적 저작] [코펜하겐, 1795] 참조). 또한 코펜하겐 대학의 노르웨이 철학 교수(1800~1813), N. 트레쇼우(1751~1833) 참조. 대학에서 철학 강의와 함께 대중을 위한 인기 강연을 열었다. 이 강연은 1797~98년 겨울 크리스티아니아

(지금의 오슬로)에서 열렸고, 『칸트 철학에 대한 강의』(코펜하겐, 1798)라는 제목으로 출판되었다. 하이버그는 『페르세우스』의 서문에서 마치 호르네만의 대변인과도 같은 대중화 태도를 보였다.

22 교리문답, 설교집, 기타 프레젠테이션 등의 제목에 자주 등장하는 문구이다.

23 헤겔의 복잡한 체계를 간결하고 접근하기 쉬운 방식으로 제시하려 시도했던 J. L. 하이버그의 『입문 강의』(Indlednings foredrag)를 가리키는 듯하다.

24 헤겔의 변증법적 방법에 관한 헤겔주의자들의 취급을 가리킨다. 키르케고르는 특별히, 특정 헤겔주의자들이 모든 곳에서 3요소를 보는 경향을 가리키고 있다. 예를 들어, 로젠크란츠는 『변증법』을 3개의 장으로 구성된 3개의 부분으로 나누고, 각 부분은 다시 3개의 하위 부분으로 구성된 3개의 섹션으로 나눈다. 다음을 참고하라. K. Rosenkranz Encyklopädie der theologischen Wissenschaften[신약학 백과사전] (Halle, 1831; ASKB 35). 또한 마르하이네케의 Dogmatik도 비교해 보라.

25 스웨덴 국왕 찰스 12세(1682~1718)는 재위 기간 내내 스웨덴 군대 지휘관으로 활약하며 스웨덴을 유럽의 강대국으로 만들었다. 그러나, 1709년 러시아 남서부에서 벌어진 피터 대제와의 전투에서 후퇴하여 터키로 피신해야 했다. 피신해 있는 동안, 다시 승리하여 고향으로 돌아갈 수 있도록 군대를 키우는 일에 몇 년 동안 몰두했으나, 결과적으로는 헛된 노력에 불과했다. 여동생 울리카 엘레오노라가 편지로, 부재 중인 통치자 대신 자신에게 왕위를 물려주고 싶어 한다는 의회의 의견을 전했을 때야 비로소, 재기 프로젝트를 포기하고 터키를 떠났다. 느러터진 터키 신하들에게 조바심을 내더니, 빠른 말을 타고 결국 혼자 귀국길에 올랐다. 그는 가장 필요한 식량만 가지고 1714년 11월 22일에 스트랄순드(당시 스웨덴이 지배하던 포메라니아의 성)에 도착했다. 다음과 같은 이야기가 전해진다. "그는 다리에서 부츠를 잘라내야 했고, 16일이 지난 후에야 겨우 다시 잠자리에 들었다. 다음 날 그가 말을 타고 나타났을 때 거리의 군중은 엄청나게 많았다."

다음을 참고하라. Karl Friedrich Beckers Verdenshistorie, omarbeidet af Johan Gottfried Woltmann[칼 프리드리히 베커의 세계사, 요한 고트프리트 볼트만 각색], trans. J. Riise (Copenhagen, 1822~29), vols. 1-12, [Ger. 1801~05], (ASKB 1972~1983); vol. 9 (1825), p. 79.

26 헤겔의 논리에서 순수한 직접성, 즉 그가 '존재'라고 주장한 것은 철학의 적절한 시작이다. 이 '추상'은 변증법적 발전 과정에서 점점 더 개념화된다. 추상으로서의 직

접적인 것에 관한 개념은 예를 들어, 하이버그의 『왕립육군사관학교의 철학 또는 사변논리학 강의 안내』(Ledetraad ved Forelæsningerne over Philosophiens Philosophie eller den speculative Logik ved den kongelige militaire Høiskole)에서 찾아볼 수 있다. [왕립군사대학 강의 지침서] (코펜하겐, 1831~32, 이하 [개요]), 26쪽, 11쪽: "모든 전제를 넘어서기 위해 필요한 모든 결정으로부터 모든 것을 추상한다면(이것은 추상적이고 직접적인 시작에 도달하는 것을 의미한다), 전제가 없는 그 자체, 즉 추상적인 직접적인 것 또는 시작이기 때문에 더 이상 추상할 수 없는 단 하나의 것만이 다시 주류를 이룬다. 이것은 일반적으로 가장 추상적이거나 절대적인 존재, 모든 것에서 가장 멀리 떨어진 추상인 존재이다."

27 역사는 냉혹한 법칙에 따라 전개된다는, 즉 원칙적으로 혁명을 불가능하게 만드는 개념으로 흔히 헤겔에 귀속되는 사상을 말한다. 다음을 참고하라. 1835년 11월 28일 학생회관의 키르케고르 강연, 『저널-리터라투르』에 게재. Studium efter Naturen i Mid-dagsbelysning[우리의 저널 문학: 정오의 빛에 비추어 자연에 따라 연구하기]. 이 글에서 그는 일반적으로 혁명적 노력과 특히 쾨벤하운스포스텐의 전망에 대해 언급하면서 "자연적 발전은 비약적으로 일어나지 않으며, 삶의 진지함은 당장은 성공하더라도 그러한 모든 시도를 아이러니하게 만들 것이다."(Pap. I B 2, 172쪽)라고 말했다.

28 낭만적인 북유럽 문학에 자주 등장하는 대조적 한 쌍이다. 갈색 머리 여성은 매혹적이나 심리적이나 환경적으로 불안정한 외국인을 상징하는 반면, 금발 머리 여성은 온화하고 차분하다. 이 시기 소설의 예로는 B. S. 잉게만의 『발데마르 세이어』(1826, 코펜하겐)에 나오는 벵예르드와 다그마르, H. C. 안데르센의 『쿤 엔 슈필만드』(1837, 코펜하겐, ASKB 1503)에 나오는 나오미와 루지를 들 수 있다.

29 이 표현은 J. L. Heiberg의 논리학에서 8곳에 사용된다. 예를 들어, Ledetraad § 18, p. 8 : "진화하는 논리적 3요소에서 세 번째 단계 혹은 결과적인 통일은 그 자체가 첫 번째 단계, 즉 동일한 운동이 새롭게 반복되는 새롭고 더 높은 원에서의 직접적인 통일이다."

30 아마도 헤겔의 논리적 삼요소의 변증법적 전개에서 세 번째 순간 또는 그 단계를 가리키는 것 같다.

31 아마도 1835년에 설립되었던 '언론의 자유를 올바르게 사용하기 위한 협회'를 가리키는 것 같다. 1836년 11월 기준으로 덴마크 전역으로 2,965명의 회원을 보유한

이 협회는 각 지방 도시에 지역 지부로 조직되었다. 줄여서 '자유 언론 협회'인 이 협회는, 중산층을 겨냥하여 정신을 고상하게 하고, 취향을 개선하며 지식을 넓히기 위한 목적을 갖고, 다양한 '대중적 글'과 더불어 주간지 '덴마크 민중지'를 발행했다. 이 신문의 주요 목표는 "모든 사람에게 중요해야 하는 대상과 관련하여 국민을 계몽하고 판단력을 일깨우는 데 이바지할 수 있는 지식을 확대하는 것"이었다. 다음을 참고. Love for Selskabet for Trykkefrihedens rette Brug, § 2.

32   예수회는 로마 가톨릭 종교 단체의 일원으로, 1534년 스페인 사람 이냐시오 로욜라가 설립한 단체이다. 종교개혁에 대한 반작용으로 설립되었으며, 신자들을 로마 가톨릭교회로 돌아오게 하고 가톨릭 교황의 권위를 지키기 위해 노력했다. 많은 개신교 신자의 고정관념에 따르면, 음모와 중상모략을 포함한 공격적 전술을 사용하여 가톨릭 신자가 아닌 사람들을 예수회와 교회에 복종하도록 강요했다고 한다. 이러한 예수회의 전술은 "목적이 수단을 정당화한다"라는 말과 연관 지어지게 되었다.

33   1836년 키르케고르는 낱장으로 된 기록물에 다음과 같이 썼다: "슐라이에르마허 (슐라이어마허)가 '종교'라고 부르고 헤겔주의 교의학자들이 '믿음'이라고 부르는 것은 근본적으로 모든 것의 조건인 첫 번째 직접성, 즉 영적인 의미에서 우리가 숨 쉬는 공기, 즉 생명력 있는 유동성(vitale Fluidum)에 지나지 않으며, 따라서 이 단어로 올바르게 표시할 수 없다."(Pap. I A 273). 헤겔주의 교의학자인 필립 마르하이네케는 그의 저서『과학으로서의 기독교 교의학의 기본 원리』(Die Grundlehren der christlichen Dogmatik als Wissenschaft), 2판(Ber- lin, 1827[1819]; ASKB 644)에서 과학과 대조되는 믿음을 "진리에 관한 직접적 의식"(49쪽)으로 정의한다. 또한 헤겔 신학자 J. E. 에르트만은 그의 저서 [교의와 종교철학 입문으로서의 신앙과 지식에 관한 강의](베를린, 1837; ASKB 479)에서 믿음을 "화해의 즉각적인 의식"(29쪽)으로 설명한다.

34   이 말은 아마도 피히테의 계시와 성육신에 관한 정의를 암시한다. Die Idee der Persönlichkeit und der individellen Fortdauer[인격의 관념과 개인의 불멸] (Elberfeld, 1834; ASKB 505), 119ff.

35   "덴마크의 재정과 국가 부채에 관해 국왕 폐하께 드리는 청원서"를 가리킨다. 1836년 2월 로스킬데의 자문 회의에서 1836년 2월 20일에 채택된 청원서이다. 무엇보다도 청원서는 "국가의 연간 경제 지출을 줄이기 위해 가장 강력한 조치를 취하지 않을 것"을 권고했다. 이 청원서는 상인 P. A. 투테인이 작성했으며, 1836년 3

월 29일자 <코펜하겐스포스텐>(Kjøbenhavnsposten) (94호, 375~378쪽) 등에 게재되었다. 다른 세 개의 자문 회의는 청원에 찬성했으며, 일반적으로 새싹은 당시 정치 작가들의 가장 큰 관심사였다. 검소한 마음을 가진 사람들은 특히 교수 C. N. 데이비드, 변호사 올라 레만, 은행장 P. G. 방(Bang)이 대표적이다. 그러나 대법관인 타게 알그린우싱은 가장 급진적인 목소리를 냈다. 그는 <단스크 포크블라드>에 기고한 글에서 "방 총재는 최초이자 유일하게 남은 사람이며, 국가의 4개 자문회의가 모두 한목소리로 표현한 것, 즉 철저하고 강력하게 주장하는 바인 예산 삭감을 권고할 것"이라고 예상했다. 참고: 코펜하겐 공보, 1836년 12월 3일, no. 340, p. 1376. Kjøbenhavnsposten, December 3, 1836, no. 340, p. 1376.

36 마르틴 루터(1483~1546), 독일 신학자, 아우구스티누스 수도사, 비텐베르크 교수. 루터교와 로마 가톨릭 신학과의 대결에서 가장 두드러진 점은, 사람이 행위와 상관없이 오직 믿음으로만 의롭게 되고("sola fide"), 의롭게 된 사람은 오직 믿음으로만 살아간다는 사상에 기초한 신앙 개념이었다. 루터는 바울이 로마인들에게 보낸 편지를 주로 읽으면서 이 사상을 확립했다. 로마인에게 보내는 편지, 3장과 4장, 1:17을 참조하라.

37 편지의 수신자가 밝혀지지 않음

38 작가이자 찬송가 작사가, 역사가, 목사인 니콜라이 프레데릭 세베린 그룬트비 (Nikolaj Frederik Severin Grundtvig, 1783~1872)는 성경이 하나님의 말씀이라는 생각에 반대했는데, 예를 들어 H. N. 클라우젠은 그의 저서 Catholicismens og Prostantismens Kirkeforfatning, Lære og Ritus[개신교와 카톨릭의 교회 헌법, 교리 및 의식](Copenhagen, 1825)에서 성경이 하나님의 말씀이라는 개념을 설정했던 것에 대해 구체적이며 공격적으로 반박했다.

Kirkens Gienmæle mod Professor Theologiæ Dr. H. N. Clausen[신학 교수 H. N. 클라우젠 박사에 대한 교회의 답변](코펜하겐, 1825)에서, 그룬트비는 성경 본문이 신앙과 교회의 기초가 될 수 없다고 일축했다. 오히려 교회를 "기독교 교회"로 만드는 "살아있는 말씀"은 주기도문, 세례 시 사도신경의 고백, 성찬식에서의 제도적 말씀이라고 주장했다. 이 "살아있는 말씀"에 관한 이론을 더욱 발전시켜,『그리스도교 설교 또는 주일 설교집』1~3권(코펜하겐, 1830; ASKB 222~224)에서 다음과 같이 기술했다. "하나님의 살아있는 말씀이 주님과 사도들의 혀를 타고 세상에 들어온 것처럼, 그 말씀도 입에서 입으로 전파된다."(3권, 586쪽). 또한 계속한다: "오직 살아있고 순종적이며 큰 소리로 선포되는 하나님의 말씀만이 신자들의 마음과 입술에서 불타고, 그 안에서 영생으로 솟아나는 근원을 열 수 있다. 나방이나 책벌레처럼 책이나 페이지 안에 살 수도 없고, 살지도 않으시며, 보이지 않는 날개를 달고 날아다니시는 성령은, 오직 이러한 말씀 안에서만, 하나님의 입에서 나오는 말씀을 사랑스럽게 받아들이는 이러한 마음 안에만 거하신다."(586쪽).

39 여기서 "기록된 말씀"은 "예수님의 말씀"과 부정적인 대조를 이룬다. 그룬트비히의 Nordens Mythologi eller Sindbilled-Sprog[북방의 신화 또는 상징적 연설], 2판 (코펜하겐, 1832; ASKB 1949), 59쪽에서 "기록된 말씀"은 살아있는 "구전된 말씀"과 대조적으로, 무력한 것으로 이해된다.

40 그룬트비의 비평에 답하는 대신 H. N. 클라우젠은 명예훼손 소송을 제기했다. 그룬트비가 신학적 논쟁을 불러일으킨 것이 아니라 인신공격한 것으로 생각하고 겨냥했다. 이 소송에서 클라우젠이 이겼고, 그룬트비는 코펜하겐의 복지 서비스를 관리하는 기관에 100릭스 달러를 벌금으로 내야 했다. 이후에도 그룬트비의 글은 국가의 검열을 받게 된다. 1799년 9월 27일에 제정된 언론 자유법에 따르면 덴마크에는 일반적인 검열이 없었다. 하지만 이 법은 헌법, 정부, 국왕, 종교 등을 비판하는 저자를 처벌할 수 있는 일련의 범죄를 나열했다. 유죄 판결을 받은 사람은 평생 검열을 받기 위해 자신의 글을 경찰에 제출해야 했다. 1814년 24장(옥타보 형식의 경우 384페이지) 미만의 모든 글에 대한 검열이 도입된 후, 개별 검열에 관한 규칙을 "특정" 또는 "특별 검열"이라고 불렀다. 따라서 "특별 검열"은 1826년부터 그룬트비히에게 적용되었지만 1837년에 면제되었다.

41 고전 논리학에서 이 표현은 모순의 두 부분 사이에 '제3의' 위치가 없다는 취지로 아리스토텔레스가 제시한 '배제된 중간'의 기본 원칙을 의미한다.

42 숫자 복권은 1771년 한 개인 사업가가 설립했지만, 수익이 너무 많아서 1773년 덴마크 국가가 인수하여 매주 숫자를 추첨했다. 가난한 사람들을 더 가난하게 만든다는 이유로 대다수 국민이 이 제도를 비판하자, 1844년부터는 격주로만 번호를 추첨했고, 많은 노동자가 토요일 오후까지 주급을 받지 못했기 때문에 추첨 시간도 토요일 정오로 변경되었다.

43 예를 들어, 유대 공회에서 대제사장이 예수님을 심문하고 유대인들이 예수님을 십자가에 못 박으라고 요구한 이야기는 마 26:57~68을 참고하라.

44 참고. Adler, Addendum I, KWXXIV (Pap. VII2 B 235, pp. 33~53).

45 Ibid. (pp. 74~93).

46 Ibid. (pp. 136~50). 또한, 다음을 참고하라. Two Essays(소론)

47 다음을 참고하라. 롬 3:24~26, 히 9:14, 26~28; 10:10, 12~14.

48 다음을 참고하라. Fear and Trembling, p. 8, KWVI (SV IV 59~60).

49 요한복음 6장 14~15절을 암시한다. 예수님께서 오천 명을 먹이시는 것을 본 유대인들이, 당신을 억지로 붙들어 임금을 삼으려 함을 깨닫고 홀로 산으로 물러나셨다고 기록되어 있다.

50 예수님의 산상수훈을 마무리하는 마태복음 7장 28~29절을 암시한다:"예수께서 이 말씀을 마치시매 무리가 그의 가르치심에 놀라니, 이는 그 가르치시는 것이 권위 있는 자와 같고 그들의 서기관들과 같지 아니함일러라." 바리새인: 헬레니즘과 로마 시대에 유대교에서 가장 중요한 종교적, 정치적 집단 또는 운동 중 하나였던 바리새파의 구성원. 이들은 '서기관'으로서 모세 율법의 모든 조항을 엄격하게 준수하는 데 열성을 보였으며 순결 규정을 매우 강조했다.

51 1848년의 유럽의 격변을 뜻함.

52 크리스티안스펠트는 모라비안 형제회(Herrnhuter Brildergemeinde) 교단에 의해 설립된 덴마크 남동부의 작은 마을이다. 키르케고르 아버지와 키르케고르의 가장 친한 친구인 에밀 보에센의 가족이 이 단체와 관련이 있었다. 참고로 이 단체는 키르케고르 유년 시절에 코펜하겐에 있었다.

53 Pap. IX B 22를 참고하라.

54 이 책은 1859년 피터 크리스천 키르케고르가 키르케고르 사후에 출판했다.

55 SK의 아버지는 1838년에 사망하여 1839년에 약 125,000 릭스 달러로 추정되는 재산을 남겼고, SK와 그의 형 Peter Christian이 물려 받았다(참조 : F. Brandt 및 E. Thorkelin Søren Kierkegaard og pengene, 2nd ed. 1993 [1935], s. 67). 1846~48년 SK의 자산은 대략적으로만 파악할 수 있는데, 상속받은 주식 중 마지막 주식은 1847년 3월 2일경에 매각했고, 마지막 왕실 채권은 1847년 12월 14일경에 매각했다(참조: Søren Kierkegaard og pengene, 69~71쪽). 그 후 SK는 주식과 채권에서 이자 수입이 없었고, 이후로 몇 년 동안 재산을 더 줄여야 했다. 1847년 12월 24일, 그는 지적 구획 번호 2번, 오늘날 프레데릭스베르크가데 1(지도 2, B2-3 참

조)에 있는 니토르브, 베스트레 크바터에 있는 자기 재산을 팔아야 했고, 매각 가격은 22,000 리그달러였다. P.C. 키에르케고르는 이 부동산 매각을 통해 우선순위인 7,000 리그달러를 남겼고, SK는 2순위로 5,000 리그달러를 받았으며, 1848년 1월에는 10,000 리그달러를 현금으로 받았다(참조: Søren Kierkegaard og pengene, 83~85쪽). 주택 매각 수익금의 일부로 왕실 채권을 샀다. 1848년 전쟁 발발로 채권 가격이 하락하면서 700 리그달러를 잃었고, 나머지 재산으로는 주식을 샀고 다른 손실은 없었던 것으로 보인다(NB7:114, 138쪽, Søren Kierkegaard og pengene, 86~90쪽 참조).

56 1841년부터 변호사이자 언론인으로 활동한 옌스 핀스틴 기오드바드(1811~91)는 1841년 <페드레란데트>의 공동 편집자이자 발행인이었으며, SK의 절친한 친구로서 교정과 인쇄업자와의 계약 체결을 도와주었다. 따라서 그의 36번째 생일인 1849년 5월 5일, SK는 "소론"의 원고를 기오드바드에게 보냈고, 기오드바드는 인쇄업자 루이스 클라인에게 전달한 것으로 보인다.

57 1848년은 유럽 국가 대부분이 격변을 겪었던 시기로, 가장 주목할 만한 사건은 제2공화국이 선포된 파리 2월 혁명이었다. 이 중에 덴마크에는 특별히 프로이센과의 전쟁이라는 사건도 있었다. 오래된 슬레스빅-홀스텐 문제와 관련하여 아우구스텐부르크의 프레데릭 왕자는 1848년 3월 킬에서 선포된 임시 정부의 수장을 맡았다. 덴마크 군대가 아이더 강 북쪽의 반란군을 제압했다. 독일의 새로운 국회는 슬레스비히를 통합하기로 했고, 랑겔이 지휘하는 프로이센 군대가 덴마크 군을 격퇴했다. 1848년 8월 26일 말모에서 휴전이 체결되었고, 두 공국의 정부는 프로이센인 2명, 덴마크인 2명, 그리고 네 나라의 공동 동의로 다섯 번째 위원으로 구성된 위원회에 위임되었다. 1849년 3월과 7월 사이에 전쟁이 재개되었고 프로이센과 덴마크 사이에 두 번째 휴전이 체결되었다. 공국의 독일군은 빌레센 장군의 지휘 아래 군대를 늘렸다. 덴마크군은 1849년 7월 23일 이스테드에서 빌레센 군대를 포위했고, 1850년 프로이센은 덴마크와 조약을 체결하고 공국에 대한 영유권을 포기했다. 1852년 5월 8일 런던에서 유럽의 주요 강대국들은 프레데릭 7세의 후계 승계에 관한 조약에 서명했고, 1863년 그가 사망할 때까지 더 이상 전쟁은 일어나지 않았다. 1848년부터 국가의 재정은 불안정하고 인플레이션이 만연했다.

1848년 3월 21일, 크리스티안스보르그에서 일어난 사건과 운동, 대규모 시위의 결과로 프레데릭 7세 국왕(크리스티안 8세는 1848년 1월 28일 사망)은 내각 해산에 동의했고, 이에 따라 3월 정부인 몰트케-히비트 정부가 구성되었으며 프레데릭 7세는 자신을 입헌 군주로 간주한다고 선언했다. 1848년 11월 제헌의회가 소집되었고, 프레데릭 국왕은 1849년 6월 5일 새 헌법에 서명했다.

58 『관점』의 부록을 참고하면, "저자로서 나의 작품에 관한 세 가지 메모"의 목적은 다음과 같다. (1) "'단독자'에게 바치는 글", (2) "'단독자'와 저자로서 내 작품의 관계에 대한 말", (3) "금요일 강화의 서문"이었다. 결국 세 번째 것은 생략되었다. 세 번째 것의 단축된 버전이 『금요일 성찬에서의 두 개의 강화』(1851)의 서문으로 사용되었다.

59 이 부분은 1848년에 출판된 『기독교 강화』 4부와 관련된 것으로, 우리말로 번역된 『성찬의 위로』를 참고하라.

60 우리말로 번역된 『들의 백합과 공중의 새』를 가리킨다.

61 일어난 그대로: 즉, H.H. 저자로 기재되어 있으며 SK의 이름은 기재되어 있지 않다.

62 이 부분은 '권위'의 개념을 뜻한다.

63 피터: SK의 형인 피터 크리스티안 키르케고르(1805~88)는 1836년 신학 학위를 취득하고 1842년 소뢰 인근 페데르스보르그와 킨더토프테의 교구 신부로 임명될 때까지 신학 공부를 했다. 그는 그룬트비그와 밀접한 관계를 맺었으며 1844년 7월부터 로스킬데 회의의 존경받는 회원으로 활동했다. 1849년 12월 29일, 그는 농민 친구들의 대표로 카운티 의회에 선출되었다. 그는 여러 에세이와 강연을 노르디스크 티즈스크리프트(Nordisk Tidsskrift)에 게재했으며, 그중 공동 편집자였던 덴마크 키르케티덴데(1840~42)와 자신의 교회 저널인 포츠세텔러 프라 페더스보르그(1848~53, 책자 372~375)에도 기고했다.

64 12월에 피터가 내려왔다: 정확히 언제 방문했는지는 알 수 없다. SK가 형에게 보낸 편지-12월 하반기에 작성된 것으로 추정-에서 SK는 좋은 의도로 작성한 기사임에도 여러 가지 사항을 형에 사과한다. (B&A, 240호, 264면 참조).

65 여기와 다음(NB14:95, 97, 102, 107, 108, 117 기록 참조)에서는 1849년 10월 30일 링스테드에서 열린 로스킬데 사제대회에서 키르케고르가 한 강연을 참고했다. 키르케고르는 1849년 10월 30일 링스테드에서 열린 로스킬데 사제대회에서 강연했다. IN P.C. 키르케고르의 1849년 10월 30일 일기에는 "저녁에 나는 2 Cor. 5:13 등", 그리고 11월 중순에는 이렇게 적었다: "고후 2:30/10 강의 준비를 시작했다. 5, 13 및 Søren z [대] 마르텐센"(NKS 2656 4o, 155면). 이 강연은 1849년 12월 16일,

219호, 171~193쪽에 실렸으며, 서문에는 이 강연이 재구성된 것임을 밝히고 있다: "내가 구두로 발표했던 내용을 여기보다 더 정확하게 기록하는 것은 불가능했다. 그리고 이 주제에 관한 토론이 이루어지지 않았기 때문에 아마 그렇게 되지 않을 것이다. 내가 기억할 수 있는 한 많은 세부 사항뿐만 아니라 생각과 내용도 거기에 있다." 171쪽.

66 강의의 인쇄본에는 이렇게 적혀 있다: "그러나 쇠렌 키르케고르 자기 삶이 여러 면에서 군중 속에서 은둔자의 삶과 같더라도 그 자신은 '개인'을 끊임없이 추구한다. 그는 상당히 다른 것을 찾아야 하는 것처럼 보인다. 그는 이론이 아닌 삶에 충실하라는 그의 가르침에 감탄하고 순전히 감탄하여 - 글쎄, 그때는 하지 말고 - 그것과 관련해 글을 쓰는 추종자를 찾는 지점에 있는 것 같다. 따라서 우리는 이미 이론에 대한 삶의 항의를 새로운 이론으로 바꾸는 사람들에게 일어날 놀라운 광경의 전조를 추적할 수 있다: 그들과 반대자들 사이의 본질적 차이는 한 쪽은 인정을 정당한 것으로 여기며 삶을 잊고 싶은 유혹을 받지만, 다른 쪽은 인정을 정당하지 않은 것으로 여기고 인식과 그 발전과 관련해, 마찬가지로 실천하는 대신 이론에 머물고, 행동의 불에 따라 재판을 받는 대신, 서점의 출판사에 항의하고 반박하며 생명을 위태롭게 할 것이라는 광경 때문이다. 이것이 내가 볼 수 있는 한에서, 신앙과 현대 의식의 관계에 관한 라스무스 닐슨 교수의 연설이 나아가는 방향이다.

그리고 나보다 더 많은 사람이 그의 목소리를 들었을 때, 마치 새로운 세 번째 진리가 등장하는 것처럼 보일 수 있는데, 그 내용은 각각 똑같이 정당하면서 일관된 두 가지 진리, 즉 신앙이 갖는 진리와 불신앙이 갖는 추측의 진리가 있다는 이론이다. 그러나 이 발견이 정말로 의식적이고 확실한 선언으로 실현된다 해도, 나는 동의하지 않을 것이다. 가야바가 주님을 대적하여 매수한 거짓 증인들(마 26:57~68)의 경우처럼, 거짓은 항상 반복된다는 것을 나는 너무나 확고하게 확신하고 있기 때문이다.

그리고 신자와 불신자를 위한 기독교 과학과 가르침의 부름의 주요 순간은, 모든 비기독교적인 지식이 그 자체의 모순을 어떤 식으로 이야기하는지 지적하는 것이다. 그리고 같은 방향에 반하여 H.H의 윤리적 논문도 같은 방향으로 나아간다. 둘 다 수많은 점에 있어, 키르케고르 일련의 작품에 나타나는 같은 특징을 취한다. 변증법적 인물과 표현 방식을 향한 애정이 그의 방식과 놀랍도록 일치하지만, 내가 보기에는 진정한 열정의 도장이 부족하다. 실제로 첫 번째 작품의 경우에, -내 기억이 맞다면- 침묵의 에너지에 관한 근거 없는 주장을 반복하고 있다: 말하는 사람은 그것을 하지 않고 그 반대의 경우도 마찬가지다. 그런 다음 나는 이 문장이 역설의 면도날에 [말을 타고] 배치된 것을, 황홀한 문학에서 순서대로 꽤 발견했다. 그러나 나는 전체 논문이 그를 순교자로 만들어서 다른 사람들이 초래하는 책임에 감히 노출되는지에 관한 질문과 어떤 관계를 맺고 있는지 이해하지 못한다. 왜냐하면 적어도 상황을 생생하게 알고 있는 사람은 반드시 침묵하지만, 토론하는 사람은 (아마도 의식적으로 명백한 해결책을 놓친 것처럼) 삶의 한가운데서 이론의 파티로 넘어간 것처럼 보이기 때문이다.", Dansk Kirketidende, 219 (392,3), p. 190f.

67 [고전3:22] 바울이나 아볼로나 게바나 세계나 생명이나 사망이나 지금 것이나 장래 것이나 다 너희의 것이요

68 피터는 그것이 일관성이 없다고 생각한 다음 이렇게 말한다. "침묵과 활력은 상당히 동등하며, 침묵은 활력의 척도이며, 사람은 침묵하는 것보다 더 많은 활력을 갖지 못한다. 모든 사람은 어떤 것을 말하는 것보다 행동하는 것이 훨씬 더 큰 일이라는 것을 잘 알고 있으므로, 자신이 그것을 할 수 있다고 확신한 후에 하겠다고 결심했다면, 절대로 그것을 말하지 않는다." 키르케고르는 강연에서 이 구절(406쪽)을 이렇게 논평한다.

69 저널 NB11을 참조하며, 여기에는 Tvende ethisk-religieuse Smaa-Afhandlinger (400,1)의 출판으로 촉발된 성찰이 담긴 수십 개의 메모가 포함되어 있습니다. NB11:8ff, 33ff, 53, 112, 141, 193, 64 참조.

70 풍유가들: 클라우센은 이들을 "오리겐주의자", 즉 오리겐의 추종자들과 성경 경전에 관한 풍유적 해석이라고 부른다. 교리 교사인 오리겐(185년경~255년경)은 202년에 알렉산드리아 학교의 교장이 되었지만 231년에 이단 혐의로 파면당했다.

71 클라우젠: 니콜라이 클라우젠(Henrik Nicolai Clausen, 1793~1877), 덴마크 신학자이자 정치. 1826년 신학 박사, 1821년 강사, 1822년 특별 교수, 1830년 코펜하겐 대학교 일반 교수. 1840~46년 로스킬데 동부 영지 의회 의원(세 차례 대통령 선출), 1848~51년 11월 내무부 장관, 1849~53년 덴마크 의회 의원 역임.

72 애착: 1846년 여름의 JJ:497에서 키르케고르는 이 용어를 "거짓말을 통해 무언가를 얻는 것"으로 번역한다(KJN 2, 281쪽 관련 각주 참고).

73 아우구스투스(기원전 63년~서기 12년), 로마 황제: 원래 이름은 가이우스 옥타비아누스였으나 원로원은 그에게 아우구스투스(라틴어로 "고귀한", "거룩한"이라는

뜻)라는 존칭을 부여했다. 아우구스투스는 외삼촌 카이사르에게 양자로 입양되었고, 카이사르가 죽은 지 2년 후 신으로 승격되면서 아우구스투스는 디비 필리우스(divi filius, 라틴어로 '신성한 사람의 아들'이라는 뜻)가 되었다. 나중에 그는 천재 아우구스투스(라틴어로 "아우구스투스의 수호신")에 대한 숭배를 허용하여 사후에 그에게 부여된 신적 지위에 가까워졌다. 예를 들어, 다음을 참고할 것. 5장, 7~8, 97쪽, 수에토니우스의 아우구스투스 전기 De vita Caesarum [카이사르의 생애]; Caji Svetonii Tranqvilii Tolv første Romerske Keiseres Levnetsbeskrivelse [수에토니우스의 첫 열두 로마 황제 전기], 야곱 바덴 역, 2권 (코펜하겐, 1802~1803; ASKB 1281), 1권, 87~88, 89~91, 191쪽.

74 키르케고르의 형인 피터 크리스티안 키르케고르가 1849년 10월 30일 링스테드의 로스킬데 목회자 수녀원에서 행한 강연의 인쇄본을 참고하여, 그는 황홀경의 대표자로 쇠렌 키르케고르를, 냉정함의 대표자로 한스 마르텐센을 이야기했다. P. C. 키르케고르는『윤리-종교적 소론』을 쇠렌 키르케고르의 "일련의 작품들"을 모방한 것으로 명명하고, 그 뒤에 "순수한 열정의 도장"이 부족하다고 비난하면서 이렇게 말한다: "실제로 내가 올바르게 기억한다면, 그 중 첫 번째 작품이 침묵의 에너지에 관한 근거 없는 주장을 반복할 때, 그것을 말하는 사람은 그것을 실천하고 있지 않으며 그 반대의 경우도 마찬가지이므로 황홀한 문학에서 이 원칙이 역설의 면도날 지점에 아 슈발[á cheval, 프랑스어, 정확하게는 "말을 타고"를 뜻함] 배치되는 것이 매우 적절하다고 생각합니다. 하지만 어떤 사람이 감히 다른 사람을 순교자로 만드는 책임을 떠맡는 정도에 관한 질문과, 이 소론 전체가 어떤 관계에 있는지 이해되지 않습니다. 적어도 제가 알기에는, 그러한 상황을 생생하게 알고 있는 한 사람은 침묵을 지킬 수밖에 없었고, 그것을 토론하는 사람이 (실제로는 의식적으로 명백한 탈출구를 피하는) 항의의 한가운데서(즉, 이론에 반대하는 것처럼) 이론의 편으로 넘어갔습니다"라고 말했다. 덴마크 키르케티덴데[덴마크 교회 시대], ed. R. Th. Fenger와 C. J. Brandt (8권, 1845-1853; ASKB 321-325), 1849년 12월 16일, 5권 12호, col. 191.

한국 키르케고르 연구소
카리스 아카데미 부설연구소

감사   번역서 및 단행본 출간을 위한 '카리스 아카데미'

안녕하십니까? 카리스 아카데미 대표 이창우 목사입니다. 지난 3년은 저에게 특별한 해였음을 고백합니다. 홀로 공부하면서 고독한 시간을 보냈으나, 전혀 알지 못하는 독자들과 동역자들을 만났기 때문입니다. 또한, 키르케고르의 1848년의 작품인 《기독교 강화》를 네 권의 시리즈로 출간을 시작하여 현재 10권 이상의 책을 출간하였습니다. 이 모든 것은 저에게 기적 같은 하나님의 은혜임을 고백합니

다.저는 15년 이상을 키르케고르 작품을 연구하면서 번역한 글을 한국에 소개하고 싶은 열망에 많은 출판사에 기획 출판을 의뢰하였으나 번번이 거절당했습니다. 책을 출판하고자 하는 열망에 이렇게 직접 출판사를 설립하고 키르케고르의 작품을 출판하기에 이르렀습니다. 하지만 《이방인의 염려》

를 출간하면서 어려움을 겪었습니다. 책을 출판하고 싶었으나 경제적 어려움으로 더 이상 책을 낼 수가 없었습니다. 그러던 중 텀블벅 펀딩을 알게 되었고, 펀딩을 통해 지금까지 책을 출판할 수 있었습니다. 책을 출판할 수 있도록 도움을 주신 후원자들과 독자들에게 감사드리고, 또한 하나님께 감사와 영광을 올려 드립니다.

설립추진   지속적인 연구 인프라를 위한 '연구소 설립'

이제 본격적으로 연구 인프라를 확보하기 위해 카리스 아카데미를 법인으로 전환하고 부설 연구소를 설립하게 되었습니다. 난해한 작품을 홀로 연구하기란 상당히 어려운 일입니다. 하지만 연구자들이 함께 모여 연구할 수 있는 생태계를 구축하면 조금 더 수월하게 협력할 수 있습니다. 이 과정을 통해 다양한 연구 결과물이 나올 수 있으리라 예상할 수 있습니다.

먼저, 키르케고르의 번역서 전체를 출간하는 것을 목표로 합니다. 뿐만 아니라, 2차 자료 및 성경공부 교재 출간도 병행할 예정입니다. 현재 이 사역을 위해 함께 할 동역자를 확보한 상태에 있습니다. 이 일이 가능할 수 있도록 많은 관심과 기도 부탁드립니다.

설립목적   연구자 양성을 위한 연구 인프라 구축

국내 키르케고르 작품 연구는 기독교 배경이 아닌 중국이나 일본보다도 훨씬 뒤쳐진 상태입니다. 거의 연구 인프라가 형성되지 않는 상태입니다. 특히, 기독교와 관련된 연구 인력은 거의 전무하거나 개인적으로만 연구하고 있는 실정입니다. 따라서 연구소의 설립 목적은 함께 협력하여 연구를 수행할 뿐 아니라, 다양한 분야에 학제간 연구를 수행할 수 있는 연구원을 양성하는 것을 목적으로 합니다. 키르케고르의 작품이 다양한 분야에 영향을 끼쳤으나, 무엇보다 연구소는 기독교와 신학과 관련된 연구에 더욱 박차를 가할 것입니다.

연구원 소개

번역 연구팀

오석환 연구소장

캄보디아 리서치 센터(Cambodia Research & Resource Center)의 대표 이며 한인 미국 글로벌 선교 협회(Korean American Global Mission Association)의 설립자. 1991년부터 2008년까지 캘리포니아에서 아시아계 미국인 교회인 오이코스 커뮤니티 교회를 다섯 개 세웠다. UC 버클리에서 철학을 전공하였고, 풀러 신학 대학원에서 신학 석사와 선교학 박사를 마쳤다. 2018년 영국의 옥스퍼드 선교학 센터(Oxford Centre for Mission Studies)에서 박사학위를 받았으며 캄보디아 프놈펜 왕립대학에서 철학을 가르쳤다. 저서로는《히어링》(규장),《느헤미야 리더십》(두레출판),《기도로 이끄는 삶》(Wipf & Stock) 등이 있고, 역서로는《새와 백합에게 배우라》가 있다.

윤덕영 연구원

영남대에서 심리학을, 장로회신학대학에서 신학(M.Div.)을 전공했으며, 한국학중앙연구원 한국학대학원에서 종교학(Ph.D.) 전공으로 키르케고르와 다석 유영모의 실존 사상을 연구하여 2009년에 박사학위를 취득했다. 미국 유니온 신학교(VA)에서 교환학생을 지냈고, 웨스트민스터 신학교(CA)에서 개혁신학을 접했으며, 세인트 올라프 대학(MN)에서 키르케고르 연구원으로 지냈다. 현재는 파주 삼성교회 위임목사로 섬기고 있다. 무엇보다 한국에 키르케고르를 소개하기 위해 한국 키에르케고어 학회의 맡은 바 사명을 감당하고 있다. 역서로는 2018년 홍성사에서 출간된《신앙의 합리성》이 있고, 이번 번역 프로젝트로《성찬의 위로》와《새와 백합에게 배우라》를 공동 번역하였다.

최정인 연구원

2001년 미국 뉴올리언즈침례신학대학원에서 교회사 전공으로 영국일반침례교회 발생 역사를 연구하여 철학박사(Ph. D.) 학위를 받았다. 2000년부터 루이지애나주 배톤루지의 한인중앙교회 담임목사로 섬기며, 2009년부터 뉴올리언즈침례신학대학원(NOBTS)과 미드웨스턴침례신학대학원(MBTS)에서 교회사 객원교수로 사역하고 있다. 성경과 교회사와 신학를 중심으로 기독교의 핵심 진리를 연구하고 전하는 일을 통하여 하나님의 왕국 사역에 매진한다. 역서로《신자들의 교회》와《탈기독교 세계의 예배와 선교》가 있다.

교재 개발팀

나원규 연구원

광주교육대학교에서 초등교육을 전공했다. 2000년부터 초등교사, 경기도교육청 교원전문직원으로 재직하며 경험한 다양한 교육적인 소양을 활용하여, 「카리스아카데미」의 '키르케고르 번역서를 출판하는 사역'과 '교회학교 성경 공부를 위한 교재 출판 사역'을 돕고 있다. 일반인들과 자라나는 세대의 눈높이에 맞추어, 키르케고르 저서 내용을 「키르케고르 철학 교육과정」으로 재구성하여 하나님의 말씀에 순종하며, 행복한 삶을 누릴 수 있는 방법을 전파하기 위하여 노력하고 있다. 하나님의 말씀에 기반한 키르케고르 실존주의 철학을 가르치고 배우는 「키르케고르 철학 학교」 설립을 준비하고 있다.

이상보 연구원

서울대에서 종교학을, 침례신학대학교에서 신학(M.Div)을 전공했으며, 미국 사우스웨스턴침례신학교에서 신약학으로 신학석사(Th.M)를 마쳤고, 조직신학으로 박사과정을 수료했다. 학부시절 르네 지라르를 처음 접하고, 침례신학교 신대원 시절 "르네 지라르의 희생양 메커니즘과 기독교의 본질"이라는 제목의 졸업논문을 쓴바 있다. 성경과 신학 그리고 여타의 학문을 통해 진리를 탐구하고, 하나님의 은혜 가운데 진리의 길을 묵묵히 걸어가기를 소망한다. 현재, 제주제일침례교회 협동목사로 섬기고 있으며, 역서 《폭력의 계보학》이 있다.

이창우 연구원

충남대학교에서 회계학을, 침례신학대학교에서 신학과 종교철학을 전공했다. 새로운 세대를 세우는 하나님의 사명자로서 교회에 바른 방향을 제시하고, 변질되어 가는 복음의 정체성을 회복하는데 노력하고 있다. 19세기 초에 복음과 교회의 변질을 우려했던 키르케고르 강화집을 알기 쉽게 지속적으로 소개하고자 한다. 저서는 키르케고르의 사상을 다룬 《창조의 선물》, 역서 키르케고르의 《스스로 판단하라》, 《자기 시험을 위하여》, 《이방인의 염려》, 《고난의 기쁨》, 《기독교의 공격》, 《성찬의 위로》, 《새와 백합에게 배우라》 등이 있다.

연구소 후원자가 되어 주십시오

후원 방법

첫째, 미션펀드를 통해 정기 후원자가 되어 주십시오.

- 아래 링크를 통해 1만원 이상 정기후원 등록해 주십시오.
- 미션펀드 링크: https://go.missionfund.org/1404

둘째, 카리스 아카데미를 통해 일시 후원자가 되어 주십시오.

- 아래 계좌로 입금해 주시면 됩니다.
- 농협은행 351-1310-9627-33 예금주: 카리스 아카데미

셋째, 카리스 아카데미를 통해 후원이사가 되어 주십시오.

- 후원이사가 되어주실 분은 미리 연락을 주시기 바랍니다.
- 내부적으로 회의를 거쳐 후원이사로 선출됩니다.
- 농협은행 351-1310-9627-33 예금주: 카리스 아카데미
- 한국 키르케고르 연구소: (044) 863-1404
- 이메일: truththeway@naver.com
- 팩스: (044) 863-1405